Altmühl

KANU KOMPAKT

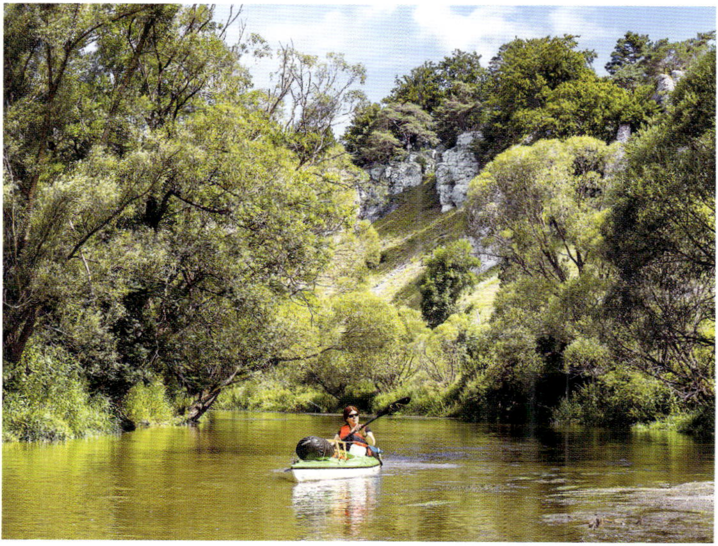

Impressum

3. aktualisierte Auflage 2022

Von-Hutten-Str. 15
D-22761 Hamburg
Tel. +49 (40) 39 10 99 10
Fax +49 (40) 390 68 20
www.thomas-kettler-verlag.de
www.kanu-buch.de

Text & Fotos: Michael Hennemann
Titelfoto: *Die Altmühl vor Hagenacker,* Michael Hennemann

Lektorat & Textergänzung: Thomas Kettler
Wasserwanderkarten: Jübermann - Kartographie u. Verlag
Stadtpläne & Umschlagkarten: Stepmap, Heide Schwinn, Carola Hillmann
Konzept, Layout, Satz: Carola Hillmann
Illustration Kanufahrschule: Ann-Sophie Ränger, Carola Hillmann
Lektorat Kanufahrschule: Falk Bruder
Druck & Gesamtherstellung: Drukarnia Beltrani Sp. J., Krakau

Weitere Fotonachweise (o.=oben, m.=mitte, u.=unten):
Thomas Kettler (Seite 5, 23, 27 o., 27 u., 28, 30, 31, 50, 53 o., 59, 63, 67, 81, 90 o., 90 u., 91)
Archiv Tourismusverband Fränkisches Seenland / Andreas Hub (Seite 21)
Zweckverband Altmühlsee (Seite 22)
AZUR Camping Altmühltal, Kipfenberg (Seite 32, 33)
DerZno(Own work) / Wikimedia Commons (Seite 88)
Thomas Dreier / Wikimedia Commons (Seite 92o.)
von Holz85 / Wikimedia Commons (Seite 92u.)

Bibliografische Information der Deutschen Nationalbibliothek
Die Deutsche Nationalbibliothek verzeichnet diese Publikation in der Deutschen Nationalbibliografie; detaillierte bibliografische Daten sind im Internet über *http://dnb.d-nb.de* abrufbar.

ISBN 978-3-98513-102-0

Inhaltsverzeichnis

Informationen zum Kanufahren in der Region Altmühl

Die Kanutour von Gunzenhausen bis Dietfurt a.d.Altmühl

Adressen

Weiteres

Vorwort

Das Altmühltal gehört zu den beliebtesten Urlaubsregionen Deutschlands und lockt Wanderer, Radfahrer und Paddler mit einer einmaligen Naturlandschaft und zahlreichen Zeugnissen einer bewegten Geschichte wie Fossilien, rekonstruierten Bauwerken der Römer sowie romantischen Orten, Schlössern, Burgen und Kirchen.

Da der sanfte Tourismus ganz oben auf der Agenda des Naturparks steht, ist die Altmühl, die als „langsamster" Fluss Bayerns gilt, als Bootswanderstrecke mit zahlreichen Ein- und Ausstiegsstellen sowie Rastplätzen erschlossen. Mit dem Kanu erleben Sie die schroffen Felsen und Wacholderheiden des Naturparks aus einer einmaligen Perspektive und hinter jeder Flussbiegung entdeckt das Auge etwas Neues. Zünftige Biergärten und Gasthäuser locken mit Fränkischer Küche und die Bootsrastplätze bieten den idealen Rahmen für eine urige Übernachtung mit Lagerfeuer unterm Sternenzelt. Es ist also angerichtet für ein unvergessliches Kanuabenteuer. In diesem Buch finden Sie alle Informationen, die für die Planung und Durchführung Ihrer Kanutour auf der Altmühl wichtig sind.

Michael Hennemann

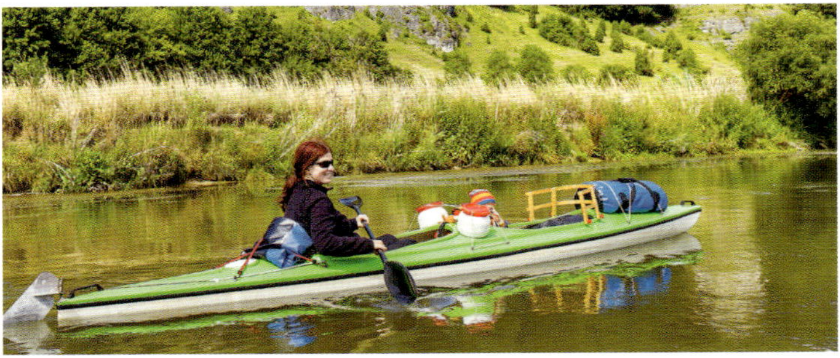

Paddeln – ein Spaß für Klein und Groß

Kanu & Ausrüstung

Das Kanu

Bevor es an die Planung der Tour geht, steht die Frage nach Kanu und Ausrüstung. Hat man sich zum Kauf eines eigenen Kanus entschlossen, stellen sich verschiedene Fragen. Welche Gewässer möchte ich vorwiegend befahren? Fahre ich alleine im Boot oder mit dem Partner, mit Kindern, mit der ganzen Familie? Mache ich nur kleine Tagestouren oder gar mehrwöchige Gepäckfahrten? Wie transportiere ich mein Kanu? Wo lagere ich es?

Kanu ist der Oberbegriff für alle Boote ohne befestigtes Ruder, also sowohl Canadier/ Kanadier (umgangssprachlich oft Kanu genannt) als auch Kajaks.

Das **Kajak** ist oft bis auf eine kleine Sitzluke geschlossen, wird mit einem Doppelpaddel gefahren und ist insbesondere für kleine, schnelle Flüsse oder auch wegen seines windschlüpfrigen Verhaltens für größere Seen geeignet. Der Nachteil liegt darin, dass die Zuladung beschränkt, das Ein- und Aussteigen umständlich und die Sitzposition, anders als beim Canadier, durch die Bauweise vorgegeben ist. Kajaks gibt es generell für ein oder zwei Personen, manchmal auch mit 3 Sitzluken.

Der **Canadier/Kanadier** besticht durch sein großzügiges Raumangebot – in ihm findet auch eine vierköpfige Familie Platz – und das einfache Beladen, Ein- und Aussteigen. Er wird mit dem Stechpaddel gefahren und ist offen, dadurch können sich Kinder in ihm freier bewegen. Auch bieten sich im Sitzen mit angewinkelten oder gestreckten Beinen oder kniend variantenreiche Sitzpositionen, die ein ermüdungsfreieres Paddeln ermöglichen. Die größere Kippstabilität wird vom Anfänger als angenehm empfunden. Sein Nachteil liegt eindeutig bei der größeren Windanfälligkeit, die das Befahren von großen, offenen Wasserflächen mühsam oder gar gefährlich werden lassen. Doch kann er mit einer Persenning (Spritzdecke) auch spritzwasserfest und weniger windanfällig gemacht werden.

Eine Sonderform sind **Faltboote** (Canadier und Kajak). Sie können für das gleiche Tourenspektrum eingesetzt werden wie feste Boote, lassen sich durch das kompakte Packmaß im unaufgebauten Zustand aber leichter transportieren (z.B. auch mit der Bahn) und nehmen in der Garage oder auf dem Dachboden weniger Platz weg.

Schlauchboote (Luftboote) – in Canadier- oder Kajakform – sind in der Regel relativ langsam und laufen nur mäßig geradeaus, sodass sie für längere Touren auf Wanderflüssen nur bedingt geeignet sind. Sie sind für mittelschweres Wildwasser konzipiert.

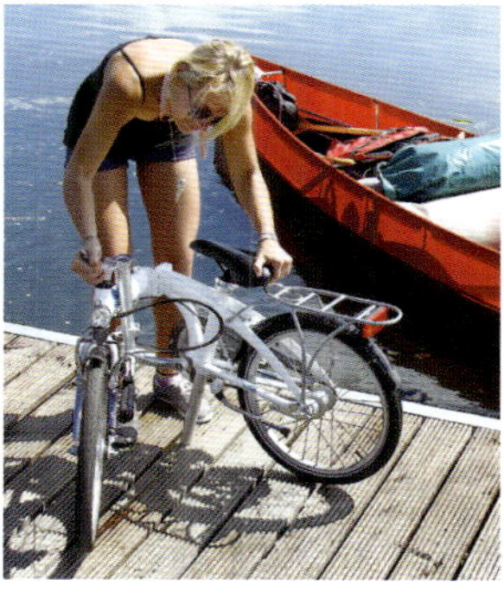

Tipp: Wer mit dem Canadier unterwegs ist und auch an Land mobil sein möchte („Zurück zum Pkw"), sollte in Erwägung ziehen, ein Faltrad mitzunehmen. Durch optimierte Falt-Scharniere wird aus dem Fahrrad innerhalb weniger Sekunden ein kleines, handliches Paket.

Zum notwendigen Zubehör gehören:

- **Paddel.** *Doppelpaddel* sollten eine Länge von ca. 220–240 cm haben, während das im Canadier verwendete *Stechpaddel* beim Stehen bis unters Kinn reichen sollte. Für Kinder darf es ruhig etwas länger sein. Kunststoffpaddel sind zwar pflegeleichter als Holzpaddel, die aber sind vom Material her sympathischer.

Tipp: Paddel- oder einfache Radhandschuhe schützen empfindliche Hände vor Blasen.

- **Reservepaddel.** Muss in jedem Kanu griffbereit, aber sicher befestigt vorhanden sein. Noch wichtiger ist dies bei Solopaddlern, da sie manövrierunfähig werden, wenn das Paddel über Bord geht.
- **Rettungsweste.** Kein Kind darf ohne ohnmachtssichere Rettungsweste ins Boot. Sie hat einen Kragen, der den Kopf über Wasser hält und so wirklich vor dem Ertrinken schützt.
- **Schwimmweste.** Jeder Erwachsene sollte sie tragen (auch als Vorbildfunktion). Wie die Rettungsweste auch, muss sie dem Körpergewicht des Trägers angepasst sein.

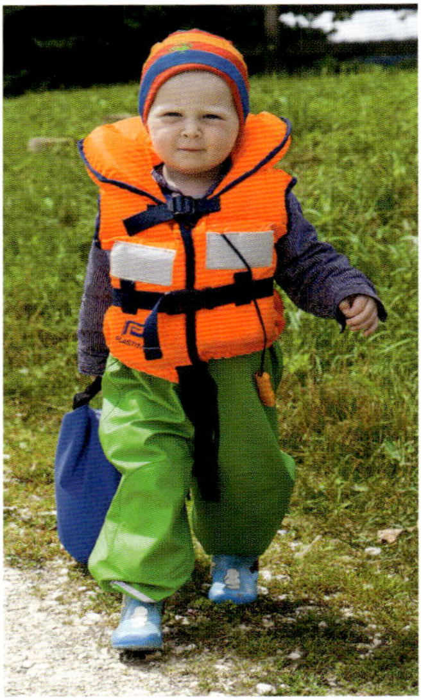

Früh übt sich…

- **Wurfsack.** Zum Retten eines Schwimmers vom Ufer aus. Der Nylonbeutel mit einem Auftriebselement und etwa 20 Meter Seil ist immer dabei, egal ob Wildwasser oder Wanderfahrt.
- **Bootswagen.** Ist für längere Landtransporte unverzichtbar. Wer sich einen zulegt, sollte gleich auf gute Verarbeitung achten. Er muss stabil, das Rohrgestell verschweißt statt genietet und zusammenklappbar sein, breite Räder und eine Stütze haben, so dass er auch von nur einer Person beladen werden kann.
- **Praktisches:**
  - ***Leinen*** zum Anbinden und Halten des Kanus.
  - ***Spanngurte*** zum Festzurren der Gepäck-Säcke und -Tonnen am Kanu.
  - Ein ***Schwamm*** zum Säubern und „Entwässern" des Kanus.

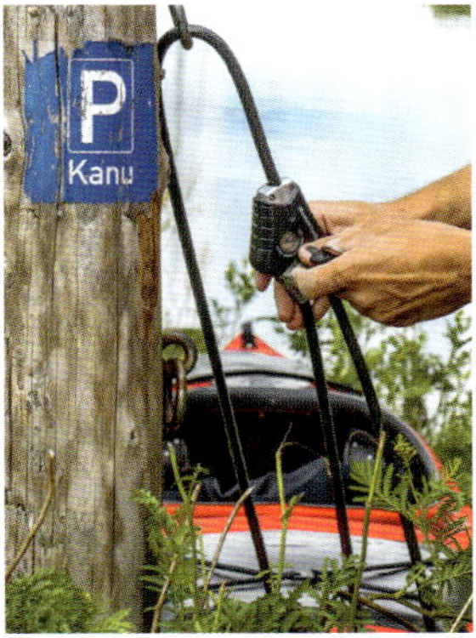

- Ein ***Schloss*** (z.B. Spiralfahrradschloss) zum Sichern des Kanus am Ufer bei Besichtigungen oder festen Unterkünften.
- Eine ***wasserdichte Kartentasche*** mit Befestigung am Boot.
- ***Kniepolster/-matte*** aus geschlossenporigem Schaumstoff fürs kniende Paddeln im Canadier.
- ***Reparaturzeug***. Dazu gehören: wasserfestes Duck Tape-Klebeband (klebt fast alles), ein Mehrzwecktaschenmesser oder Tool mit Schraubenzieher, eine Kombizange und Reparaturset für das Kanu.

Kanu mieten

Zu Anfang ist es sinnvoll, sich ein Kanu zu mieten. Daher nennen wir in diesem Buch Kanuvermieter und Tourenveranstalter für jede Etappe.

Idealerweise ist bei der Auswahl eines Vermieters darauf zu achten, dass er Mitglied im **BVKanu** ***(Bundesverband Kanu e.V.)*** ist. Die Mitglieder garantieren Qualität und qualifizierte Mitarbeiter, Sicherheit und fachkundige Einweisung sowie einen Einsatz für den Naturschutz im Kanutourismus.

Das ***Qualitätssiegel QMW Kanu*** WASSER TOURISMUS DEUTSCHLAND steht für besonders nochmal extra für besonders gute Qualität und Sicherheit bei Anbietern.

Vereinsmitgliedschaft

Kanufahren zeichnet sich zwar durch Individualität aus, aber nicht immer fühlt man sich alleine auf dem Wasser wohl.

Die Mitgliedschaft im ***Deutschen Kanu-Verband (DKV)***, auch als nicht vereinsgebundenes Einzelmitglied, bietet über die Teilnahme an gemeinsamen Fahrten, dem Austausch persönlicher Erfahrungen zu Booten und Ausrüstung hinaus auch den Vorteil der preisgünstigen Übernachtung in den ***DKV-Kanustationen***.

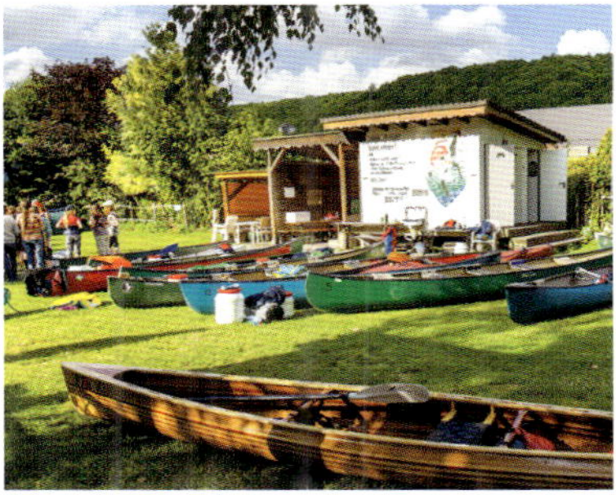

Die Ausrüstung

Es gibt kein schlechtes Wetter – nur falsche Kleidung! Für die in diesem Buch beschriebenen Touren benötigt man keine teure High-Tech-Kleidung, aber eine gute ***Regenjacke*** und ***-hose*** muss im Gepäck sein. Ansonsten sollte nach dem „Zwiebelprinzip" verfahren werden – mehrere leichte Kleidungsstücke übereinanderziehen.

Fleecepullis mit ihrer hervorragenden Isolationseigenschaft, geringem Gewicht und der Tatsache, dass sie im nassen Zustand noch wärmen, aber auch schnell trocknen, sind ideal.

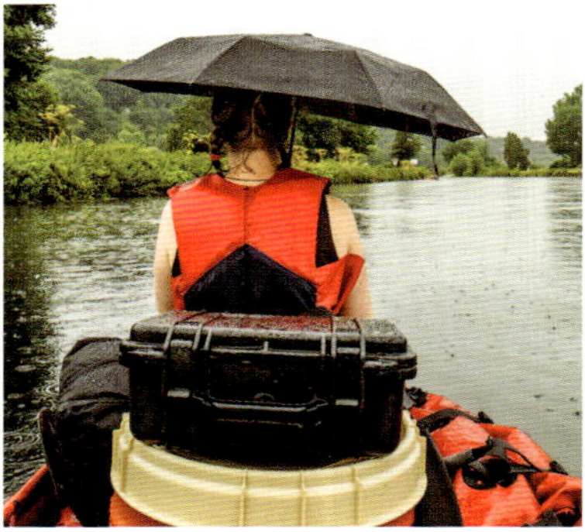

Eine ***Hose*** aus einem ***Synthetik-Baumwollgemisch*** trocknet schnell und ist geeigneter als eine Jeans.

Schuhe müssen nicht schön sein, sondern vor allem fest sitzen. Am besten sind Schnür-, Sport- oder spezielle Paddlerschuhe. Für Ausflüge haben wir ***Wanderschuhe*** dabei.

Da die Sonneneinstrahlung auf Wasserflächen sehr intensiv ist, dürfen ein ***Kopf-Sonnenschutz*** und eine ***Sonnenbrille*** nicht fehlen.

Die beschriebene Ausrüstung findet Platz in wasserdichten ***Weithals-Tonnen*** mit Schraubdeckel sowie wasserdichten (optimalerweise transparenten) ***Packsäcken***, die durch einen „Roll-/Steckverschluss" wasserdicht verschlossen werden. Mehrere kleine sind idealer als wenige große! Die meisten Kanuvermieter händigen wasserdichte Tonnen vor Antritt der Fahrt aus. Ist man jedoch mit dem eigenen Kanu unterwegs und scheut zu Anfang die für mehrere Säcke/Tonnen recht hohen Anschaffungskosten, tun es zu Beginn auch stabile Plastik- oder Müllsäcke.

Viele der hier beschriebenen Streckenabschnitte lassen sich so planen, dass mit wenig Gepäck ***von Gasthof zu Gasthof*** gepaddelt werden kann, um am Abend warm und trocken beim Abendessen im Schankraum zu sitzen.

Ein ***Zelt***, ein ***Schlafsack*** und eine ***Isomatte*** sollten aber trotzdem immer dabei sein. Denn wer weiß schon, ob er sein Tagesziel auch erreicht oder ein Gewitter die Planung über den Haufen wirft.

Campingküche

Will man auf seinen morgendlichen Kaffee oder Tee bzw. die Spaghetti am Abend nicht verzichten, muss ein ***Campingkocher*** mit auf Tour.

Folgende Typen sind zu unterscheiden:

- **Benzinkocher**. Hat den höchsten Heizwert. Benzin ist überall zu bekommen und billig.
- **Gaskocher.** Nicht so hoher Heizwert, jedoch sauberes Verbrennen. Teure Kartuschen.
- **Multifuelkocher.** Guter Heizwert. Ist mit fast jedem Flüssigbrennstoff zu betreiben und sehr leicht.
- **Petroleumkocher.** Hoher Heizwert, jedoch Geruchsbelästigung, die, anders als beim Benzin, nicht „verfliegt".
- **Spirituskocher.** Sind leicht und einfach zu handhaben. Haben aber einen relativ geringen Heizwert.

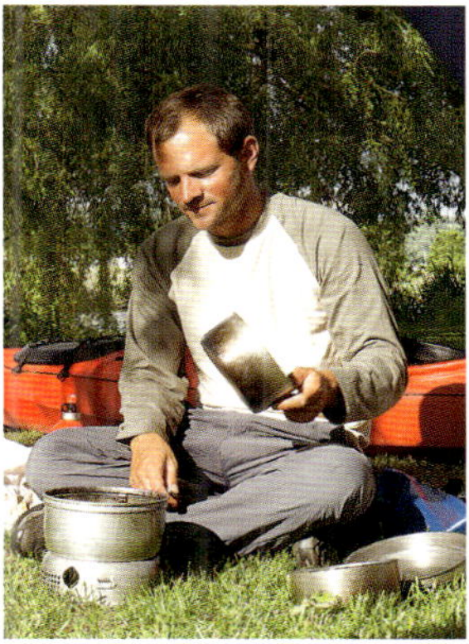

Mit einem Campingkocher im Gepäck reist es sich autark

Als weitere ***Küchenausstattung*** empfiehlt sich ein ***Kochset***, bestehend aus zwei bis drei verschieden großen, ineinander gestellten Kochtöpfen (2 L, 1,5 L, 1 L) mit zwei verschieden großen Deckeln, die gleichzeitig als Pfannen dienen.

Eine ***Espressokanne*** ist für den morgendlichen Kaffee ideal. Weiterhin ein ***Wassersack mit Frischwasser,*** flache und tiefe ***Teller*** oder ***Müslischalen***, ***Besteck***, ***Thermoskanne***, ***Thermobecher***, kleines ***Schäl- und Schneidemesser***, ***Schneidebrett***, ***evtl. Alufolie***, ***Geschirrtuch***, ***Spülmittel*** und eine ***Faltschüssel*** (Abwasch).

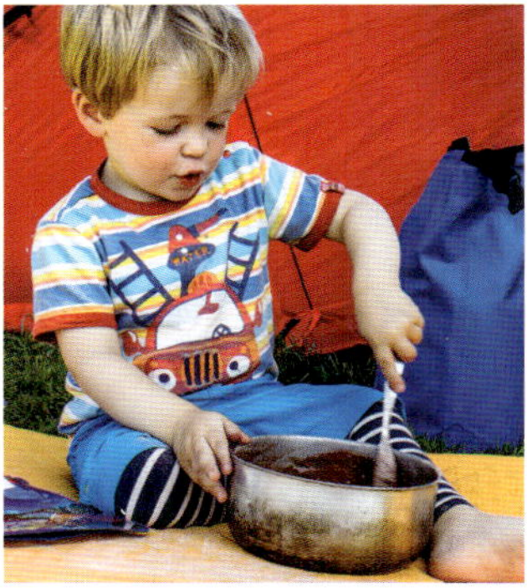

Man kann die Campingküche aber auch getrost zu Hause lassen, denn entlang der Strecke finden sich viele Einkehrmöglichkeiten.

Nützliches & Unentbehrliches:
Klappspaten, Toilettenpapier, Erste-Hilfe-Set, Insektenschutz, Waschzeug, Taschenmesser evtl. mit Tool, Taschenlampe (Stirnlampe), Fernglas, Schreibutensilien, Tagesrucksack.

„Kleine Kajak- & Canadier-Fahrschule"

Schlagrichtung des Paddlers → Bewegungsrichtung des Kanus

Die beschriebenen Paddelschläge können und sollen miteinander kombiniert werden. Zur korrekten Ausführung wird das Paddel im Prinzip nicht durch das Wasser „gezogen", sondern soll annähernd stationär bleiben und das Kanu über das Wasser bewegt werden. Hierbei wird eine optimale Kraftausbeute angestrebt. Bei einem sehr gut ausgeführten Paddelschlag gibt es keine Verwirbelungen und kaum Wellen am Paddelblatt.

Kajak-Fahrschule

Allgemeines

Das Kajak wir mit einem Doppelpaddel angetrieben. In der Regel sind die beiden Blätter eines Doppelpaddels gegeneinander verdreht. Bei den üblichen rechtsgedrehten Paddeln umfasst die rechte Hand den Schaft so, dass das rechte Paddelblatt senkrecht ins Wasser eingetaucht werden kann. Die linke Hand umfasst den Paddelschaft nur locker und nach jedem Paddelschlag wird das Paddel mit der rechten Hand so gedreht, dass das aktive Blatt senkrecht ins Wasser gesetzt werden kann (bei linksgedrehten Paddeln gelten die Hinweise entsprechend seitenvertauscht). Stellen Sie die Fußstützen des Kajaks so ein, dass Sie bequem sitzen und gleichzeitig einen guten Bootskontakt mit den Oberschenkeln haben. Bei Kajaks mit Fußsteuerung den Abstand der Pedale so wählen, dass Sie mit leicht angewickelten Beinen im Boot sitzen und genügend Spielraum nach vorne haben, um das Pedal durchzutreten und das Steuer bewegen zu können.

Einsteigen

Kanu parallel zum Ufer ausrichten, bei starker Strömung mit dem Bug (= Bootsspitze) gegen die Strömungsrichtung. Zum Einsteigen das Boot mit der sogenannten „Paddelbrücke" stabilisieren: Paddel flach über Süllrand (= Bootsrand) und Ufer oder Steg legen; mit einer Hand Süllrand und Paddel fassen und mit der anderen Hand das Paddel aufs Ufer drücken. Zum Einsteigen das Gewicht über das Paddel verlagern und mit dem bootsseitigen Fuß zuerst einsteigen. Anschließend möglichst rasch hinsetzen, d. h. im Kajak gleich auf den Sitz rutschen, um einen tiefen Schwerpunkt zu erzielen und die Stabilität des Kanus zu erhöhen.

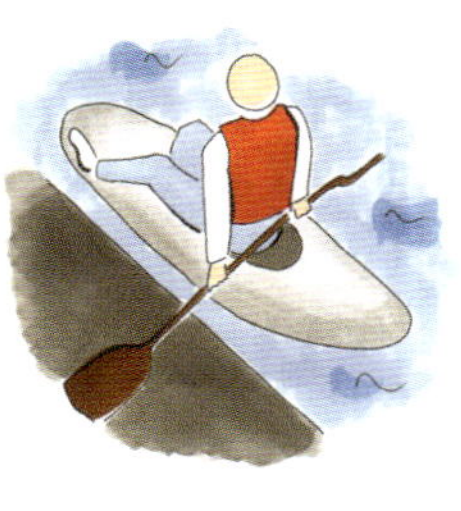

Spritzdecke

Spritzdecke zunächst hinter dem Körper um den Süllrand legen und von hinten nach vorne schließen; abschließend nach vorne über den Süllrand ziehen. Dabei unbedingt darauf achten, dass die Lasche vorne herausguckt, um die Spritzdecke im Falle einer Kenterung leichter öffnen zu können.

Paddelhaltung

Das Paddel in beide Hände nehmen und auf den Kopf legen. Die optimale Griffbreite ist erreicht, wenn der Winkel zwischen Ober- und Unterarm ein wenig kleiner als 90 Grad ist.

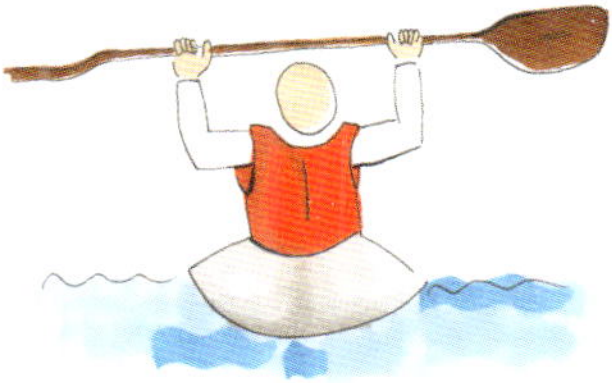

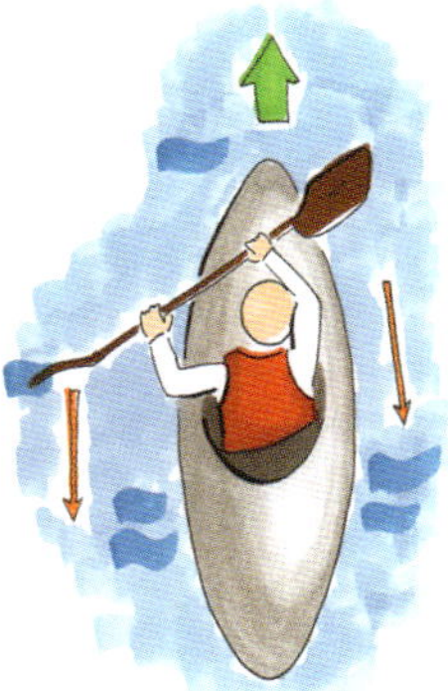

Grund- und Treibschlag

Mit leicht nach vorne gebeugtem Oberkörper Paddel vorne, dicht neben der Bootswand einsetzen. Die „Zughand" zieht das Paddel parallel am Boot entlang nach hinten, während die „Druckhand" das sich in der Luft befindliche Blatt nach vorne drückt. Die Bewegung nicht allein mit den Unterarmen ausführen, sondern zur Unterstützung bei gestrecktem Arm den Oberkörper mitdrehen. Ist das aktive Paddelblatt knapp hinter der Sitzposition, den Zug stoppen und die Seite wechseln.

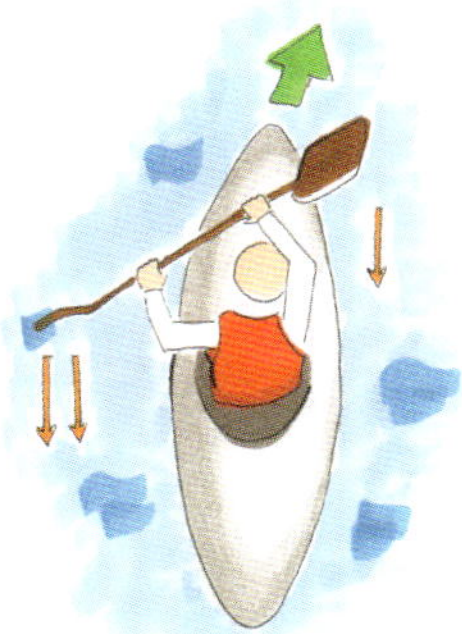

Steuern

Wird der Paddelschlag auf der linken Seite stärker ausgeführt, dreht der Bug nach rechts – und umgekehrt. So können Sie das Boot – ganz ohne die ebenfalls erhältlichen Fußsteueranlagen – auf Kurs halten. Sind starke Kursänderungen erforderlich, erreichen Sie diese mit dem Bogenschlag. Beim Ab- und Anlegen mit Kajaks die über eine Steueranlage verfügen unbedingt daran denken, das Steuer rechtzeitig einzuklappen, um es nicht zu verbiegen.

Ziehschlag

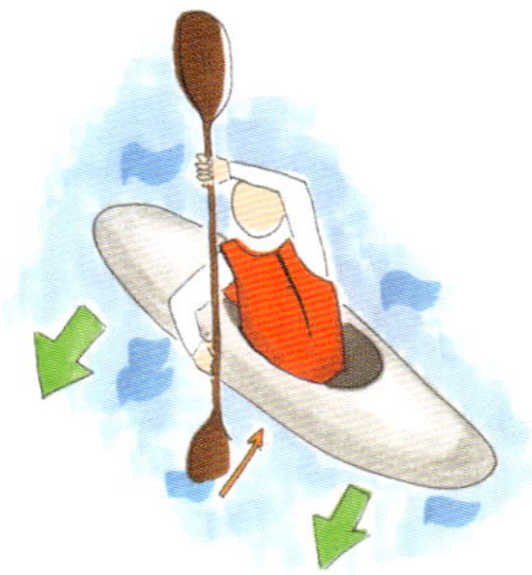

Steuerschlag, um das Boot seitlich zu versetzen; dazu weit zur Paddelseite aus dem Boot lehnen, das Paddelblatt parallel zum Boot ins Wasser tauchen und, nicht zu dicht, an die Bootswand heran ziehen und nach oben aus dem Wasser nehmen. Dabei darauf achten, dass das Paddelblatt nicht unter den Bootskörper gezogen wird, da dies zum Kentern führen kann.

Bogenschlag

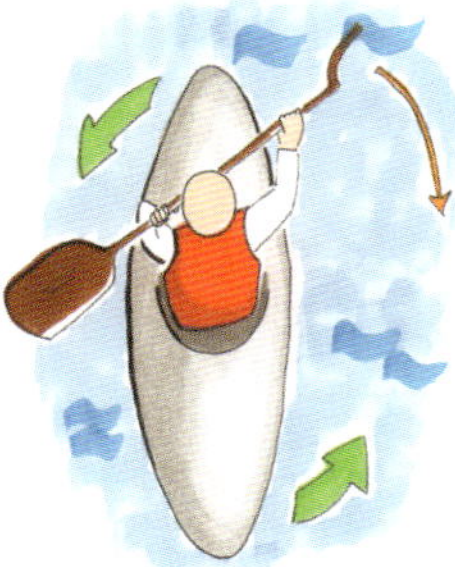

vorwärts

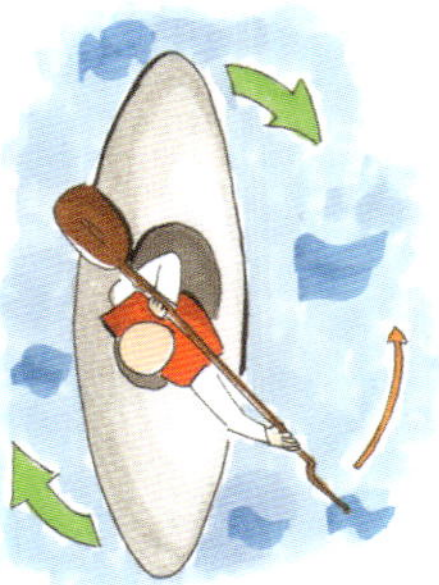

rückwärts

Steuerschlag, um das Boot von der Schlagseite wegzudrehen; dazu das Paddel möglichst weit vorne und dicht am Boot eintauchen und das Paddelblatt flach unter der Wasseroberfläche in einem weiten Halbkreis um das Boot bis nahe ans Heck führen. Je größer der Radius, desto stärker die Steuerwirkung. Um das Kanu abzubremsen und gleichzeitig eine Kurskorrektur zur Paddelseite hin durchzuführen, können Sie den Bogenschlag rückwärts ausführen. Um einen Zweier-Canadier auf der Stelle zu drehen, führt der Steuermann den Bogenschlag vorwärts und der Vordermann den Bogenschlag rückwärts aus (oder umgekehrt).

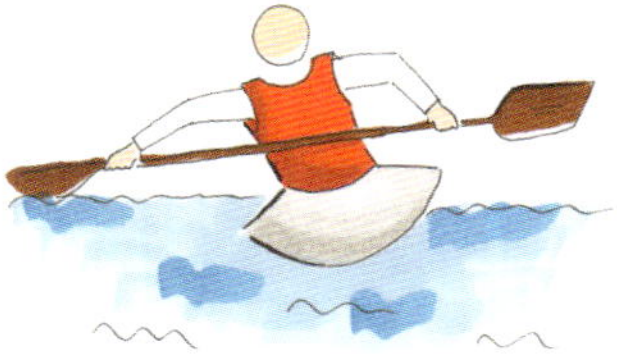

Paddelstütze

Stabilisierungsschlag, bei dem das Paddel als Ausleger genutzt wird, um das Kentern zu verhindern; dazu einfach das Paddel auf der Seite, zu der das Boot zu kippen droht, soweit wie möglich nach außen flach auf das Wasser drücken. Dieser Schlag kann sowohl im Kajak wie auch im Canadier ausgeführt werden.

Canadier-Fahrschule

Allgemeines

Auf dem hinteren Sitz nimmt in der Regel der erfahrenere oder kräftigere Paddler Platz. Er gibt im Flachwasser die grobe Richtung vor, der Vordermann versucht ihn zu unterstützen. Der Vordermann gibt die Schlagzahl vor; achten Sie darauf, einen möglichst gleichmäßigen Schlagrhythmus einzuhalten, um ein „Aus-dem- Ruder-laufen" zu vermeiden. Je nach Ausdauer kann ein Wechsel der Paddelseiten stattfinden, der von beiden nach Absprache gleichzeitig durchgeführt wird. Der Vordermann hat weiterhin die Aufgabe auf Hindernisse, die direkt vor dem Canadier auftauchen, aufmerksam zu machen.

Einsteigen

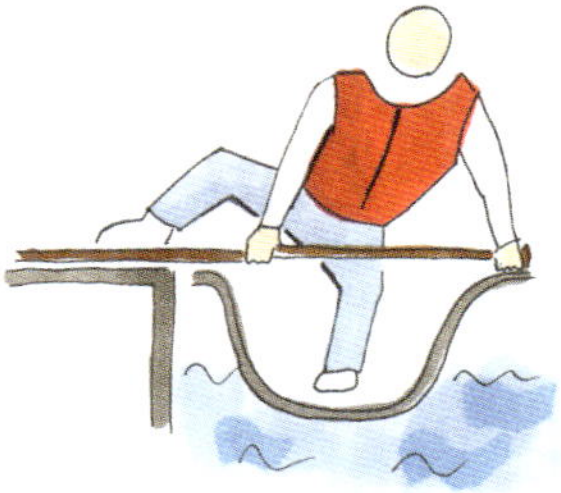

Kanu parallel zum Ufer ausrichten, bei starker Strömung mit dem Bug (= Bootsspitze) gegen die Strömungsrichtung. Zum Einsteigen das Boot mit der sogenannten „Paddelbrücke" stabilisieren: Paddel flach auf Süllrand (= Bootsrand) und Ufer oder Steg legen; mit einer Hand Süllrand und Paddel fassen und mit der anderen Hand das Paddel aufs Ufer drücken. Zum Einsteigen das Gewicht über das Paddel verlagern und mit dem bootsseitigen Fuß zuerst einsteigen. Anschließend möglichst rasch hinsetzen oder beim Canadier auch möglich, eventuell hinknien, um einen tiefen Schwerpunkt zu erzielen und die Stabilität des Kanus zu erhöhen.

Aussteigen

Wie Einsteigen, nur in umgekehrter Reihenfolge.

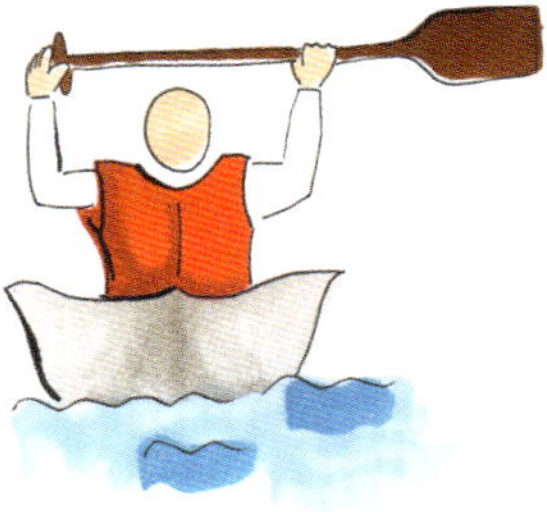

Paddelhaltung

Eine Hand fasst den Paddelknauf, hierbei wird der Griff von oben wie beim Spaten umfasst. Die andere Hand umgreift den Paddelschaft, so dass Ober- und Unterarm einen Winkel von 90 Grad bilden.

Grund- und Treibschlag

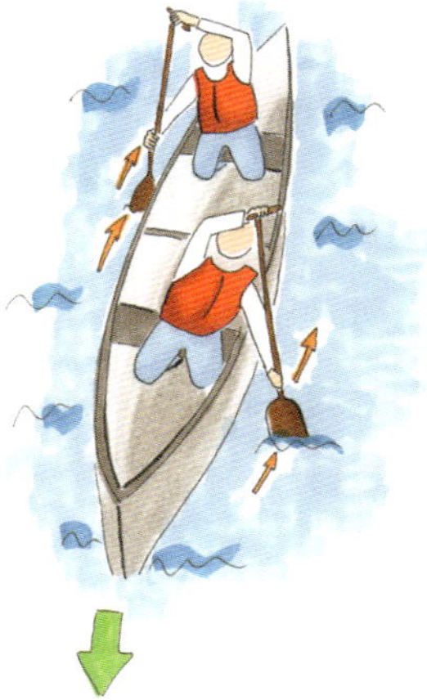

Das ganze Paddelblatt wird senkrecht ins Wasser getaucht und parallel zum Boot (in Bootslängsachse) durchs Wasser gezogen. Dabei wird mit dem unteren Arm gezogen, während der obere Arm drückt; gleichzeitig wird der Oberkörper etwas nach vorne geneigt und mitgedreht. Stimmen Vorder- und Hintermann ihren Grundschlag aufeinander ab, bewegt sich der Canadier kursstabil geradeaus. Paddelt nur einer, bewegt sich das Kanu der paddelabgewandten Seite zu.

Steuern oder J-Schlag

Dabei wird das Paddel zuerst wie beim Grundschlag geführt, am Körper vorbei in einer Bogenbewegung mit der wasserverdrängenden Paddelseite vom Boot weggedrückt. Dabei zeigt der Daumen der Hand am Paddelknauf nach unten und der Handrücken nach außen. Der Vordermann kann weiterhin den Grundschlag ausführen oder die Drehbewegung mit einem Bogenschlag verstärken. Der J-Schlag ist besonders vorteilhaft für Solocanadier, da er das „Aus-dem-Ruder-laufen" bei der normalen Geradeausfahrt verhindert.

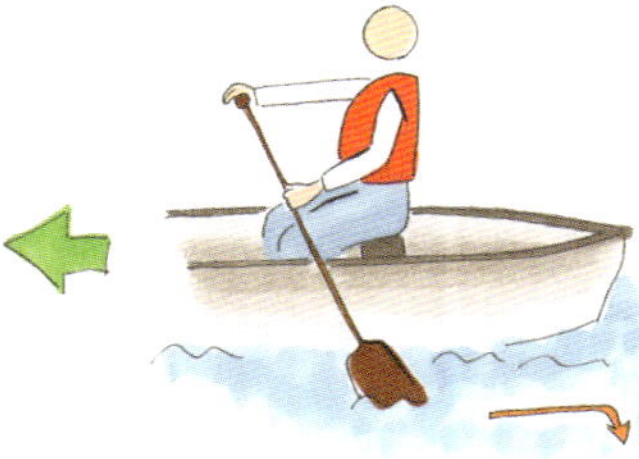

Ziehschlag

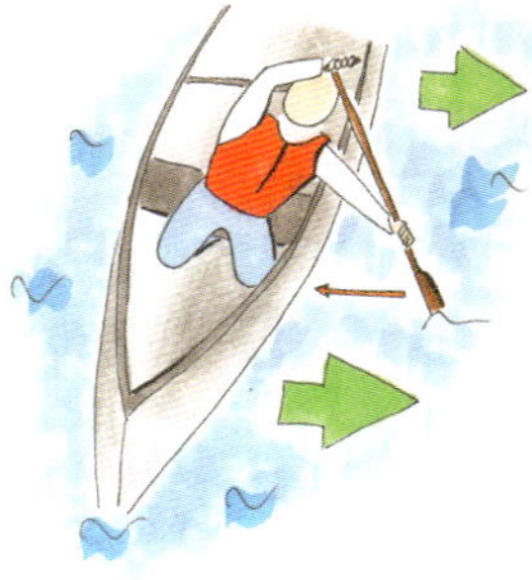

Steuerschlag, um das Boot seitlich zu versetzen; dazu weit zur Paddelseite aus dem Boot lehnen, das Paddelblatt parallel zum Boot ins Wasser tauchen und, nicht zu dicht, an die Bootswand heran ziehen und nach oben aus dem Wasser nehmen. Dabei darauf achten, dass das Paddelblatt nicht unter den Bootskörper gezogen wird, da dies zum Kentern führen kann.

Bogenschlag

Steuerschlag, um das Boot von der Schlagseite wegzudrehen; dazu das Paddel möglichst weit vorne und dicht am Boot eintauchen und das Paddelblatt flach unter der Wasseroberfläche in einem weiten Halbkreis um das Boot bis nahe ans Heck führen. Je größer der Radius, desto stärker die Steuerwirkung. Um das Kanu abzubremsen und gleichzeitig eine Kurskorrektur zur Paddelseite hin durchzuführen, können Sie den Bogenschlag rückwärts ausführen. Um einen Zweiercanadier auf der Stelle zu drehen, führt der Steuermann den Bogenschlag vorwärts und der Vordermann den Bogenschlag rückwärts aus (oder umgekehrt).

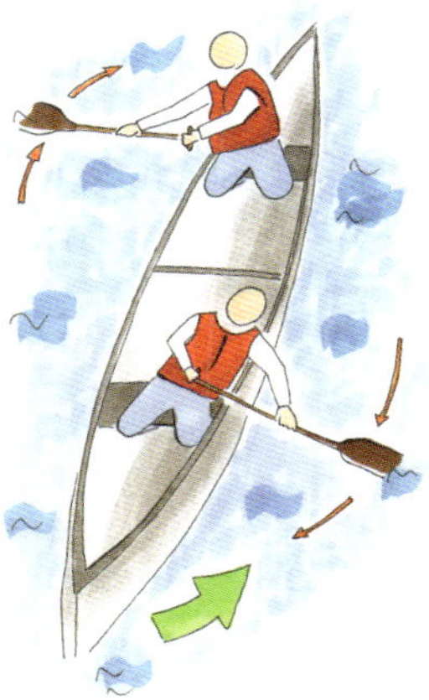

Paddelstütze

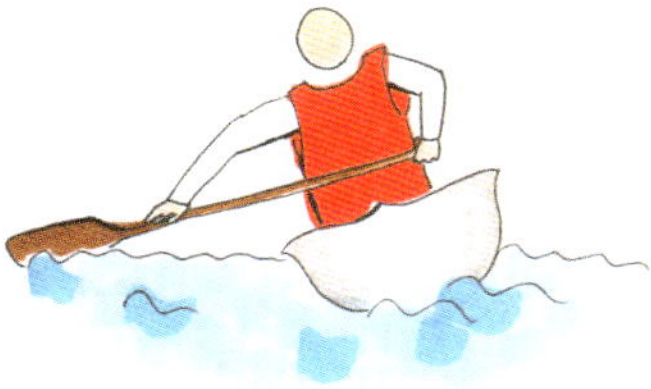

Stabilisierungsschlag, bei dem das Paddel als Ausleger genutzt wird, um das Kentern zu verhindern; dazu einfach das Paddel auf der Seite, zu der das Boot zu kippen droht, soweit wie möglich nach außen flach auf das Wasser drücken. Dieser Schlag kann sowohl im Kajak als auch im Canadier ausgeführt werden.

Weiterführende Literatur:

Kanu-Handbuch, *Praxis-Ratgeber,* Verlag Reise Know-How.

Outdoor Basixx „Kanuwandern" & „Solo im Kanu", Conrad Stein Verlag.

Stechpaddel Fahrschule, Thomas Kettler Verlag.

Infos zum für Sie nächstgelegenen Kanukurs bekommen Sie bei:

Bundesverband Kanu e.V., c/o BVWW, Gunther-Plüschow-Str. 8, 50829 Köln, Tel. +49 (0)221 59 57 10, www.bvkanu.de

Deutscher Kanu-Verband e.V., Bertaallee 8, 47055 Duisburg, Tel. +49 (0)203 99 75 90, www.kanu.de

Tipps zum Kanuwandern auf der Altmühl

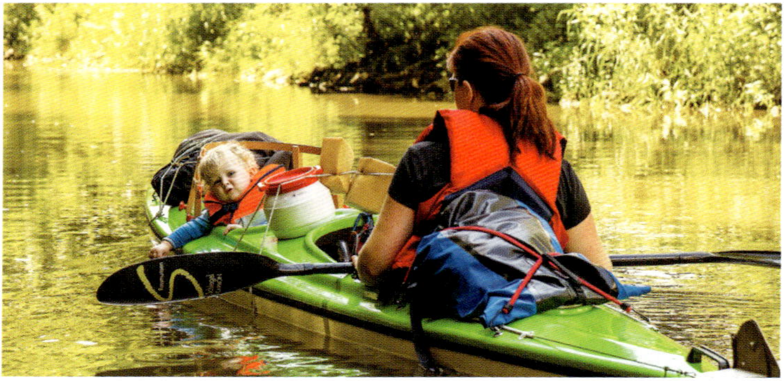

Sicherer unterwegs mit Rettungsweste und Schwimmweste

Das Wasserwandern auf der Altmühl ist im Allgemeinen ungefährlich. Mit ein paar einfachen **Verhaltens-Regeln** sind Sie noch sicherer im Kanu unterwegs:

- **Vorsicht** ist insbesondere **an den Wehren** geboten. Zwei davon sind über eine Bootsrutsche befahrbar, aber auch hier gilt: erst gucken, dann fahren und im Zweifel lieber umtragen.
- **Allein** sollte nur paddeln, wer sein Kanu gut beherrscht.
- Das Tragen eine **Schwimmweste** sollte selbstverständlich sein.
- Kinder müssen immer eine **ohnmachtssichere Rettungsweste** tragen.
- Um vor unliebsamen Überraschungen sicher zu sein, sind vor der Fahrt **detaillierte Informationen über den Streckenverlauf** unerlässlich.
- Das **Gepäck** gehört nach Möglichkeit ins Boot. Alles was an Deck mitgenommen wird sollte gut festgezurrt werden, um es gegen Verlust bei Kenterung zu sichern.
- **Nicht alkoholisiert** ins Kanu steigen.
- Ein **aufgefrischter Erste-Hilfe-Kurs** sollte selbstverständlich sein, um nicht nur anderen, sondern auch sich selbst helfen zu können.

Verhalten auf dem Wasser

Eine Kanutour soll in erster Linie Spaß machen und eine lange Liste mit Ge- und Verboten für das umweltverträgliche Paddeln scheint auf den ersten Blick „typisch deutsch". Mit den folgenden **Verhaltens- und Umwelt-Tipps** macht das Paddeln aber allen Beteiligten mehr Freude und die herrliche Natur entlang der Altmühl bleibt auch nachfolgenden Paddlergenerationen erhalten:

- **Starten und beenden** Sie eine Kanutour **nur** an den **ausgewiesenen Ein- und Ausstiegsstellen.** Wollen Sie ein eigenes Kanu auf dem Gelände eines Bootsververmieters oder Campingplatzes zu Wasser lassen, so gehört es zum guten Ton, vorher um Erlaubnis zu fragen.
- Nutzen Sie zum **Anlegen und Rasten** die dafür **vorgesehenen Plätze wie z.B. Bootsrastplätze**, die Anleger der Gasthäuser oder Wehre und andere befestigte Ausstiege, die nicht im Privatbesitz sind, um unnötige Beschädigungen der empfindlichen Ufer zu vermeiden.
- **Meiden Sie Schilfgürtel und Kiesbänke** – es sind wichtige Lebensräume für Wasservögel. Fahren Sie nach Möglichkeit mit den Booten hintereinander und in der Flussmitte.
- **Beobachten Sie Tiere nur aus der Ferne**. Für Naturbeobachtungen empfiehlt sich daher die Mitnahme eines Fernglases.
- **Respektieren Sie die „Nachtruhe" der Tiere**. Legen Sie rechtzeitig bis spätestens eine Stunde nach Sonnenuntergang an, um nachtaktive Tiere wie Abendsegler und Eulen nicht zu stören.
- **Vermeiden Sie die Befahrung von flachen Gewässerabschnitten** und achten Sie stets auf eine ausreichende Wassertiefe. Muscheln am Gewässergrund, die die Filterung des Wasser übernehmen, leiden unter Grundberührung von Bootsrumpf und Paddel.
- **Grillen und Lagerfeuer** sind nur bei niedriger Waldbrandstufe und nur an den dafür freigegebenen Feuerstellen gestattet.
- **Wildzelten ist nicht zu verantworten** – zu groß ist die damit verbundene Belastung für die Natur. Entlang der Altmühl finden sich einfache Bootsrastplätze, Campingplätze, Jugendherbergen, Hotels und Gasthöfe, so dass die Übernachtung in Wassernähe kein Problem darstellt.
- Nutzen Sie die aufgestellten **Toilettenhäuschen**.

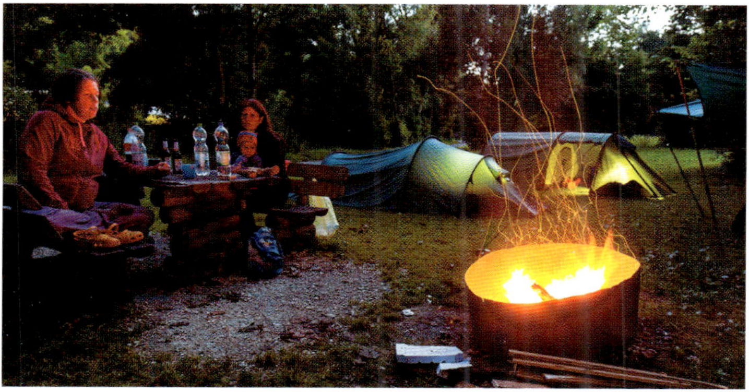

Möglichkeiten zum Lagerfeuer bieten sich an der Altmühl in Hülle und Fülle

Blick auf die Region

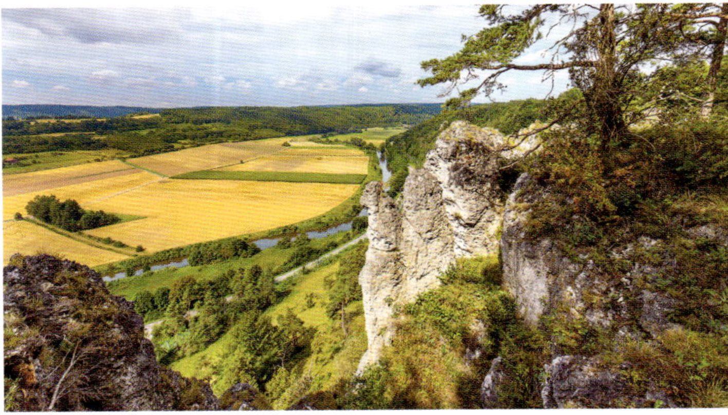

Die Arnsberger Leite gehört zu den schönsten Abschnitten im Altmühltal

Nur knapp eine Autostunde von den Großstädten Nürnberg, München und Augsburg entfernt, liegt mitten in Bayern der ***Naturpark Altmühltal.*** Er wurde bereits 1969 gegründet und erhielt 1995 eine rechtsverbindliche Naturparkverordnung. Mit einer Fläche von etwa 3.000 km^2 zählt er zu den größten Naturparks in Deutschland.

Trockenrasen und ***Wacholderheiden*** zählen zu den besonders schützenswerten Naturräumen. Sie entstanden während der Besiedlung des Altmühltals, als die Menschen begannen die Laubwälder abzuholzen, die ursprünglich die Landschaft entlang der Altmühlufer prägten. Die durch die Rodung entstandenen Freiflächen wurden durch Schafe offen gehalten und es wanderten Trockenpflanzen und Wachholder ein.

So entstand ein artenreicher Lebensraum für viele ***seltene Pflanzen*** und ***Tiere wie Eidechsen, Blindschleichen, Molche, Heuschrecken und Falter.*** Als die Schafbeweidung ab dem 18. Jh. unwirtschaftlich wurde, verbuschten die Flächen oder wurden mit schnellwachsenden Bäumen wie Kiefern aufgeforstet. Heute gibt es daher nur noch wenige intakte ***Trockenrasen***, u.a. bei Gungolding, Dollnstein, Titting und Kinding.

In steilen Felstälern, in Wäldern, an Bächen und an den Ufern der Altmühl kommen ***Wildschwein, Hermelin, Steinmarder, Bisam*** und ***Biber*** vor. Im oberen Altmühltal brüten ***Störche*** und auch mehrere Greifvogelarten wie ***Mäuse-, Wespenbussard, Schwarz-*** und ***Rotmilan, Habicht*** und ***Sperber***. Auch verschiedene ***Eulenarten*** sind hier anzutreffen.

40 % der Naturpark-Fläche sind bewaldet, der ursprüngliche Buchenwald ist aber nirgendwo mehr als unberührter Urwald anzutreffen.

Recht verbreitet ist ein ***Orchideen-Buchenwald***, in dem auf jurassischem Kalkboden neben ***Buche*** auch ***Eiche, Bergahorn*** und ***Linde*** zu finden sind und bei dem im Frühjahr, bevor die Baumkronen ihre Blätter bekommen, eine Reihe von Frühjahrsblühern wie ***Lungenkraut, Leberblümchen*** und ***Buschwindröschen*** einen dichten Teppich am Waldboden bilden.

Die Lebensader des Naturparks ist die Altmühl, die der Mensch seit Jahrhunderten zu bändigen versucht, sodass Feuchtwiesen und Auenwälder die einst die Ufer säumten durch Landwirtschaft und Straßenbau stark gefährdet sind.

Ein wichtiger Lebensraum aus zweiter Hand sind die zahlreichen stillgelegten ***Steinbrüche*** der Region. Auf den ersten Blick wirken sie zwar wie Wunden in der Landschaft, da sie aber natürlichen Felsen ähneln, wächst hier unter anderem der ***Weiße Mauerpfeffer*** von dem sich die ***Raupe des Apollofalters*** vorzugsweise ernährt.

Vor 140 Millionen Jahren, lange bevor sich das Flusstal der Altmühl bildete, erstreckte sich in der Region ein flaches, tropisches Meer, in und an dem sich Raubfische, Saurier, der Urvogel Archaeopteryx und andere Tiere tummelten. Nach dem Tod der Lebewesen sanken ihre Überreste auf den Meeresgrund und wurden dort im Schlamm luftdicht eingeschlossen und ihre Formen blieben in den Kalkschichten erhalten.

Der ***Solnhofer Plattenkalk*** ist aber nicht nur die ***Fundstätte von Fossilien*** als spannende Zeugen der Vergangenheit, sondern wird auch als Baumaterial z.B. für Boden- oder Treppenbeläge geschätzt und als Druckplatte beim Steindruck (Lithografie) eingesetzt.

Ab etwa 15 v. Chr. begannen die Römer ihr Imperium auch nördlich der Alpen auszudehnen. Zentrum der neugegründeten Provinz Raetien wurde Augusta Vindelicum, das heutige Augsburg. Ende des 1. Jh. drangen die römischen Truppen unter Kaiser Domitian weiter nach Norden vor. Die ***Grenze des Römischen Reiches*** verlief nun nördlich der Donau und zur Verteidigung vor den Überfällen der germanischen Stämme wurden erste Wachttürme errichtet. Später wurde der ***Limes*** als Grenzmauer durchgehend befestigt, zunächst aus Holz, dann aus Stein. 2005 wurde der ***Raetische Limes in Bayern und Baden-Württemberg*** von der ***UNESCO in die Liste des Weltkulturerbes*** aufgenommen.

Touristisch ist die Region außerordentlich beliebt, sind doch der ***Altmühltal-Panoramaweg*** und der ***Altmühltal-Radweg*** weit über die Grenzen Bayerns hinaus bekannt. Die Altmühl, der Altmühlsee und der Große Brombachsee sind ein wichtiges Naherholungsgebiet für den Ballungsraum Nürnberg. Während die Altmühl zu geruhsamen Wasserwandertouren einlädt, locken die beiden Seen mit herrlichen Sandstränden zum Baden, Kiten, Surfen oder Segeln.

Freizeitparadies Altmühl- und Brombachsee im Fränkischen Seenland

Das ***Fränkische Seenland*** wurde erst in jüngster Zeit von Menschenhand geschaffen und jährlich rauschen rund 150 Millionen Kubikmeter Wasser aus Altmühl und Donau durch Altmühlsee, Brombachsee, Rothsee, Igelsbachsee, Hahnenkammsee und Dennenloher See nach Franken, um den Wasserbedarf des Großraums Nürnberg zu decken. Als Nebeneffekt der Wasserüberleitung haben sich die Stauseen zum beliebten Urlaubsziel entwickelt. Alle Seen sind über Rad- und Wanderwege gut zu erkunden.

Brombachsee

Als letzter See des Fränkischen Seenlands wurde 1999 der **Große Brombachsee** geflutet. Zusammen mit dem ***Kleinen Brombachsee*** kommt er auf siebeneinhalb Kilometer Länge. An den Ufern bieten mehrere ***Freizeitanlagen (Ramsberger Strand, Pleinfeld, Allmannsdorf, Enderndorf am See*** und ***Absberg-Seespitz***) ein umfangreiches touristisches Angebot von der Tretboot- und Kajakvermietung, über ausgedehnte Sandstrände bis hin zu Surf- und Segelschulen und natürlich fehlen auch Gasthäuser mit fränkischen Spezialitäten nicht. In **Ramsberg** am Südufer, mit öffentlichen Verkehrsmitteln über den Bahnhof Ramsberg sehr gut erreichbar, entstand ein großer ***Seglerhafen*** mit über 600 Liegeplätzen. Eine der beliebtesten Attraktionen ist die ***Rundfahrt mit der „MS Brombachsee“***, einem gewaltigen Trimaran. Sehenswert in Ramsberg sind die ***St. Josefs Kirche*** mit einem Altar aus dem Spätrokoko, der hübsche ***Dorfbrunnen*** und die am Bergplateau gelegene ***Jakobuskapelle***.

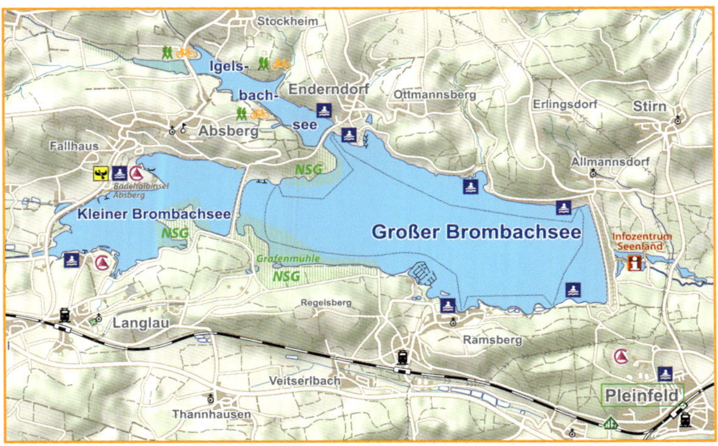

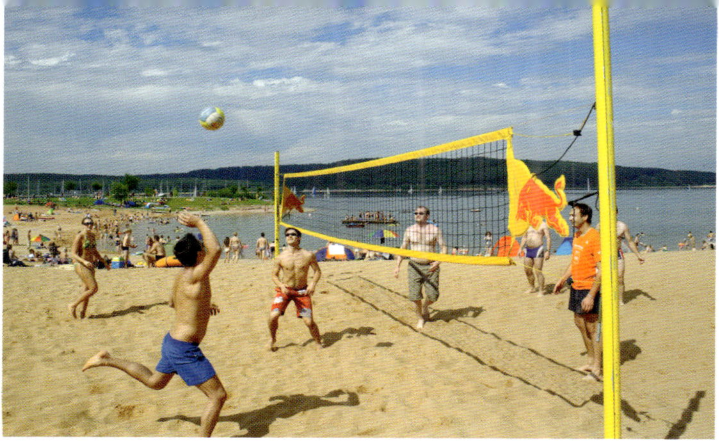

Der Große & Kleine Brombachsee bieten alles für einen gelungenen Urlaub: Beachvolleyball, Sandstrände, Biergärten, Segelschulen und sogar eine Kanuvermietung

Als größte Gemeinde am Brombachsee zählt der romantische Ort **Pleinfeld** zu einem der Zentren im Fränkischen Seenland. Sehenswert sind das ***Spalter Tor***, die ***ev. Petruskirche***, die ***kath. Kirche St. Nikolaus*** und das ***ehemalige Vogteischloss mit Heimat- und Brauereimuseum***. Neben den üblichen Freizeitanlagen sind hier ***Sommerrodelbahn*** mit ***Wildgehege*** und der ***Golfplatz*** zu erwähnen.

Das ***Naturschutzgebiet Grafenmühle*** mit flacher Uferzone am Südufer des Großen Brombachsees umfasst Trockenwälder und ein Niedermoor.

Der sich links an den Großen Brombachsee anschließende ***Kleine Brombachsee*** hat mit seinen familienfreundlichen ***Sandstränden*** am Seeufer von **Langlau** und dem auf der ***Badehalbinsel Absberg*** gelegenen Eventgelände ***„SAN-shine-Camp" (naturnaher Zeltplatz, Bogenschießanlage, Kajakvermietung)*** einiges zu bieten.

Der ***Igelsbachsee***, ein harmonisch in die Landschaft eingebetteter Seitenarm des Brombachsees, ist mit seinem sechseinhalb Kilometer langen ***Rundweg*** wie geschaffen für eine kleine ***Wanderung***, an deren Ende man von Absberg mit der Fähre nach **Enderndorf** zurückkehrt. Sehenswert ist in **Absberg** das ***Deutschordensschloss***, einer der ältesten fränkischen Adelssitze, und die ***Christuskirche*** mit einem schönen Epitaph des Ritters Hans Christoph. In **Enderndorf** zieren das kleine ***Harsdorfer Schlösschen*** und schmucke ***Sandsteinhäuser*** die Ortsmitte. Westlich des Ortes liegt der ***Erlebnis-Kletterpark „AbenteuerWald Enderndorf"*** – das Besondere an ihm, er ist in den 80 bis 100 Jahre alten Baumbestand integriert. Man klettert nicht auf „künstlich angelegten Parcours", sondern von Baum zu Baum in nahezu unberührter Natur.

Kleiner Brombachsee und Igelsbachsee sind vom Großen Brombachsee durch je eine Vorsperre (Stauanlage) abgetrennt. Über die Entstehung des gigantischen Seenbauprojektes informiert das ***Infozentrum Seenland*** in der ***Mandlesmühle in* Pleinfeld** an der Hauptstaumauer am Ostufer des Großen Brombachsees.
Infos: www.pleinfeld-am-brombachsee.de www.fraenkisches-seenland.de

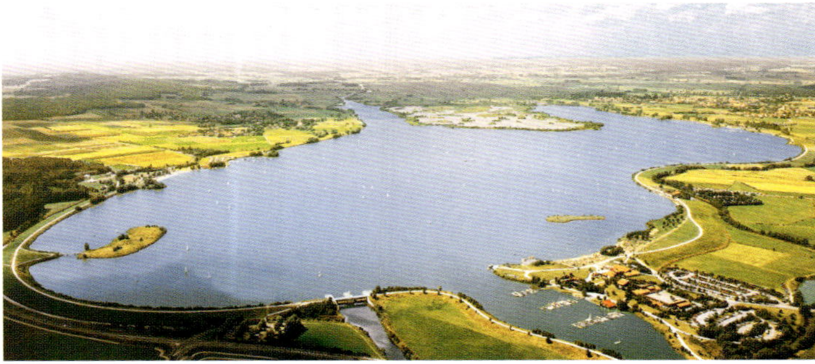

Nicht nur jede Menge Platz zum Baden – der Altmühlsee mit seiner Vogelschutzinsel ist eines der wichtigsten Schutzgebiete für Zugvögel in Bayern

Altmühlsee

Nordwestlich vor den Toren **Gunzenhausens** wurde die Altmühl zum ***Altmühlsee*** aufgestaut. Auch „fränkische Adria" genannt, ist er beliebtes ***Naherholungsgebiet*** zum ***Surfen, Segeln, SUP, Angeln und Schwimmen***. In der Saison (Apr bis Nov) verbindet das ***Ausflugsschiff „MS Altmühlsee"*** die Freizeitzentren an seinen Ufern. Um den See führt ein ***12,5 Kilometer*** langer ***Rad- und Wanderweg***. ***Sandstrände und Liegewiesen*** laden zum Sonnenbad ein. Die Flachwasser und lagunenartige Inselzone ***Naturschutzgebiet Vogelinsel im Altmühlsee*** mit 40 größeren und kleineren Inseln im nördlichen Seeteil bei **Muhr a.S.** ist Lebensraum für über 300 verschiedene Vogelarten und mit 200 Hektar eines der wichtigsten Schutzgebiete für Zugvögel in Bayern. Die Vogelinsel kann auf einem etwa ***1,5 Kilometer langen Lehrpfad*** begangen werden.

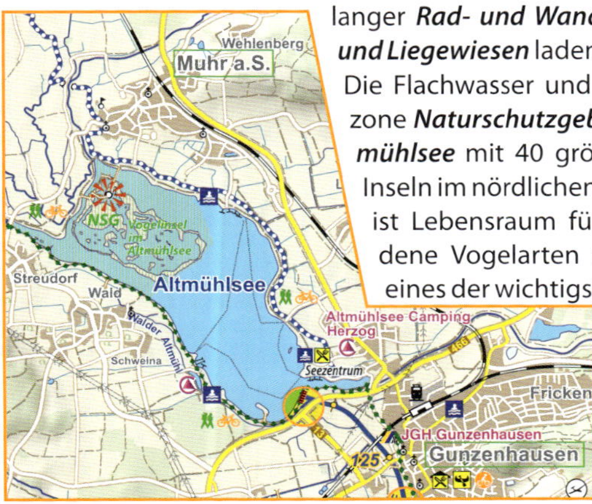

Der ***Landesbund für Vogelschutz (LBV)*** am Altmühlsee bietet zusätzlich ***natur- und vogelkundliche Führungen*** (Apr – Okt) auf der Vogelinsel an. Wissenswertes zur Vogelwelt erfährt man in der ***Umweltstation des LBV*** (Schlossstr. 2 in Muhr am See, Tel. (09831) 48 20).

Das im Norden des Sees gelegene **Muhr am See** ist einen Besuch wert. ***Schloss Altenmuhr*** (nur auf Anfrage zugänglich), ein Wasserschloss aus dem 12. Jh., ist eine der interessantesten Burgen im Oberen Altmühltal und jeden Sommer Kulisse der ***Altmühlsee-Festspiele.*** Das ***Torhaus***, Wahrzeichen der Gemeinde, war einst Teil der Ortsbefestigung. Die mit wertvollen Fresken aus dem 15. Jh. geschmückte ***Kirche St. Johannis*** ist ebenfalls sehenswert. Nicht verpassen sollte man einen Blick in das ***Kutschenmuseum*** und in das ***Museum für Ur- und Umwelt,*** das über Landschaftsformen und die Erdgeschichte der Region informiert.
Infos: www.muhr-am-see.de und http://altmuehlsee.lbv.de

Alljährlich im Juni präsentieren beim **Seefest** im ***Seezentrum*** **Gunzenhausen** verschiedene Hersteller ihre Kanu-Ausrüstung. Interessierte Canadier- und Kajakfahrer starten gleich zu einer Probefahrt auf den See hinaus. Daneben locken auch kulinarische Schmankerl, Live-Musik und ein erlebnisreiches Kinderprogramm.
Infos: www.altmuehlsee.de

Wichtiges zur Tour und Handhabung des Buches

Die Tourenbeschreibung in diesem Buch beginnt in **Gunzenhausen** und endet in **Töging** bei **Dietfurt an der Altmühl** kurz vor der Mündung der ***Altmühl*** in den ***Main-Donau-Kanal***. Dazwischen liegen 124 abwechslungsreiche Paddelkilometer, die aufgrund der langsamen Fließgeschwindigkeit auch für Anfänger und Familien mit Kindern gut geeignet sind.

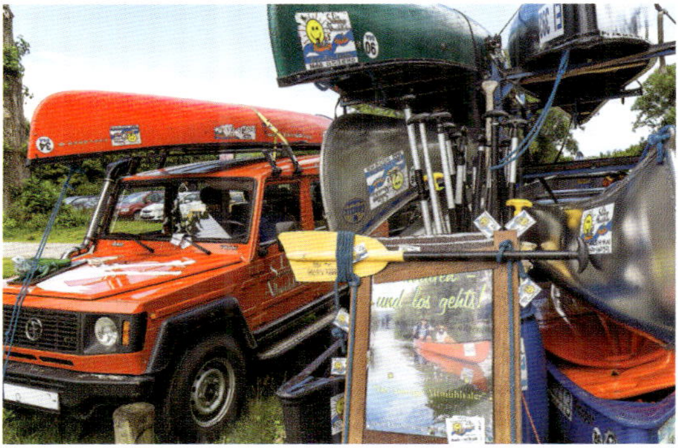

Die zahlreichen Kanuvermieter machen das Bootswandern auf der Altmühl besonders einfach

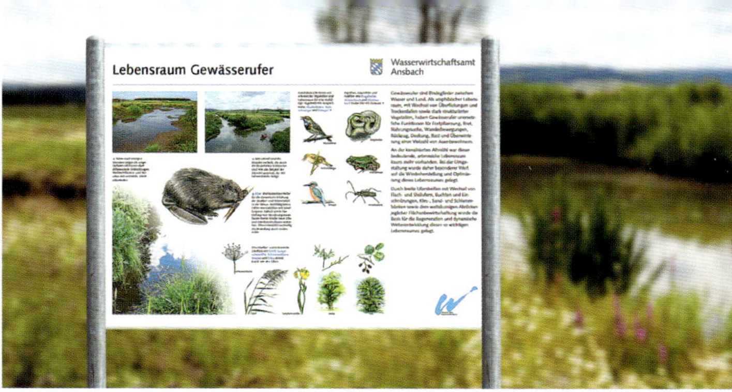

Infotafeln an der Mittleren Altmühl informieren über Renaturierung, Flora und Fauna

Beachten Sie: Die Altmühl ist im Bereich **Gunzenhausen – Treuchtlingen** ***Renaturierungsgebiet*** und Lebensraum seltener Pflanzen und Tierarten. Bitte legen Sie nur an den dafür extra eingerichteten ***Ein- und Ausstiegsstellen*** (keine Zeltmöglichkeiten) an. Dort finden Sie auf ***Infotafeln*** Wissenswertes zum Renaturierungsprojekt und zu Flora und Fauna in diesem Gebiet. Viele Fische sind in ihrem Bestand bedroht oder gefährdet. Ein ***Lehrpfad*** mit sieben Einzeltafeln, die sich nacheinander an den Ein- und Ausstiegsstellen befinden, informiert über das Leben im und am Wasser.

Die beste **Paddelzeit** ist von Mai bis Frühherbst. Im Hochsommer sollte man sich vor Fahrtantritt nach dem Wasserstand erkundigen, denn nach besonders ausgedehnten Trockenperioden kann dieser unter Umständen für eine Befahrung zu knapp sein.

Achten Sie auf ausreichend **Ruhe- und Pausentage**, denn es wäre doch schade an den kulturellen Sehenswürdigkeiten einfach vorbeizufahren. Wem der Sinn einmal nicht nach Paddeln oder Kultur steht, findet in der herrlichen Natur gute Voraussetzungen für die verschiedensten Aktivitäten von Baden, über ausgedehnte Spaziergänge und Radtouren bis hin zu Klettermöglichkeiten. Tipps dazu liefert dieses Buch. Karten und weiteres Infomaterial zu Wanderungen und Radtouren erhalten Sie in den Touristinfos. Neben den im Adressteil aufgeführten Fahrradvermietern bekommen Sie teilweise auch bei den Campingplätzen und Hotels Fahrräder zu mieten.

Die vorgeschlagenen **Tagesetappen und Zeitangaben** verstehen sich ohne Wanderungen, Stadtrundgänge und Museumsbesuche. Nicht vergessen: Viele **Museen** haben montags geschlossen.

Öffnungszeiten haben wir so dargestellt: Di-So 10-17, was heißen soll, dass Dienstag bis Sonntag von 10.00 Uhr bis 17.00 Uhr geöffnet ist.

Die **erste Etappe** der **Tourenbeschreibung** endet in Eichstätt, die **zweite Etappe** beschreibt den Flusslauf von Eichstätt nach Töging bei Dietfurt, bevor die Altmühl in den Main-Donau-Kanal mündet.

Natürlich ist eine **Weiterfahrt** auf dem Main-Donau-Kanal möglich. Der letzte, etwa 35 km lange Abschnitt durch den Naturpark Altmühltal bis nach Kelheim (und auch die Weiterfahrt auf der Donau) bleibt **geübten Kanuten vorbehalten**, ist aber landschaftlich ebenso reizvoll. Auf der breiten Wasserstraße sind riesige Fracht- und Passagierschiffe unterwegs, die mit ihrer Sogwirkung und mächtigen Wellen eine ausreichende Portion Erfahrung und sichere Bootsbeherrschung erfordern.

Übernachten an der Altmühl

Die im Buch genannten **Übernachtungsstellen** liegen meist am Wasser oder zumindest in Wassernähe. Dank der vielen ***Bootsrast- und Campingplätze*** ist die Übernachtung im eigenen Zelt unproblematisch. Eine Voranmeldung ist für Einzelreisende nicht erforderlich.

Die Übernachtungen auf den ***Bootsrastplätzen*** *(während Corona teils geschlossen)* ist sehr preiswert, aber auf max. 2 Nächte begrenzt.

Wer in ***Gasthöfen, Hotels oder Pensionen*** schlafen möchte, sollte besser vorab ein Zimmer reservieren. Das gilt insbesondere für die Monate Juni, Juli und August und verlängerte Wochenenden wie Pfingsten oder Himmelfahrt an denen sowohl die Miet-Boote als auch Unterkunftsmöglichkeiten knapp werden können. Wer zeitlich flexibel ist und es sich aussuchen kann, sollte die eigene Bootstour auf der Altmühl daher nicht unbedingt in der Hauptsaison unternehmen.

Kilometrierung

Um die Planung der eigenen Tour auf der Altmühl zu erleichtern, finden Sie sowohl auf den Karten als auch in der Randspalte neben dem Text die **Kilometerangaben**, ausgehend von ***km 124,3*** am ***Start*** in **Gunzenhausen**. Sie können die **Entfernungen** auch leicht in den Karten abmessen: Die Strecke von einem gelben Punkt ⍜ zum nächsten ⍜ entspricht einem Kilometer. Alle fünf Kilometer sind die Kilometerzahlen ausgeschrieben.

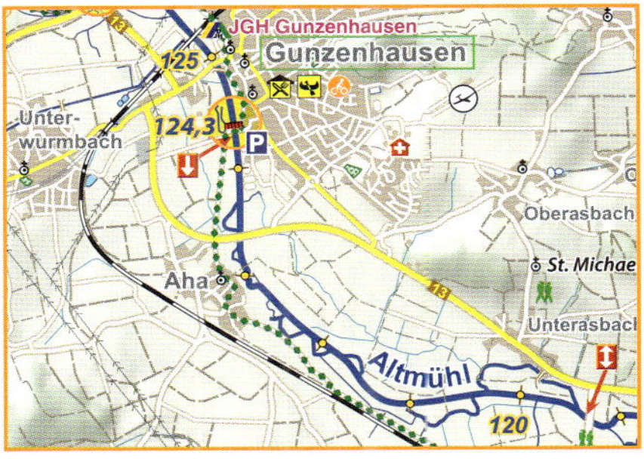

Infos zur gesamten Altmühltour

Aktivitäten	Natur	Kultur	Baden	Hindernisse
★★★★	★★★☆	★★★☆	★★☆☆	★★☆☆

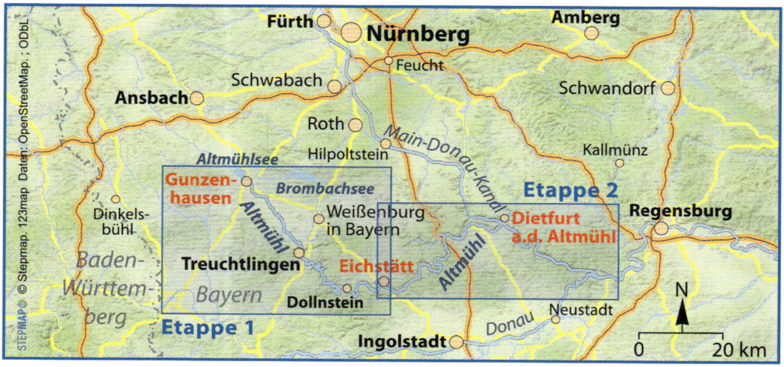

Charakter der Tour

Die Altmühl ist ein gemütlicher, als Bootswanderstrecke ausgebauter Wanderfluss mit ruhiger Strömung. Der anfangs in einem breiten Tal fließende Wiesenfluss erreicht in Treuchtlingen das Fränkische Jura und fortan säumen beeindruckende Felsformationen das enger werdende Tal. Langweilig wird es auf dem langsamsten Fluss Bayerns nie, denn im Naturpark Altmühltal gibt es herrliche Natur und zahlreiche kleine, aber feine Sehenswürdigkeiten zu entdecken.

Die Altmühl bietet die ideale Kulisse für unbeschwerten Kanuurlaub mit urigen, direkt am Ufer gelegenen Zeltmöglichkeiten und jeder Menge guten Einkehrmöglichkeiten in idyllischen Biergärten und zünftigen Lokalen.

Wehre

Wie praktisch an jedem deutschen Fluss hat der Mensch auch an der Altmühl Wehre errichtet, um den Wasserstand zu regulieren. Entlang der beschriebenen Strecke sind insgesamt **14 Wehre** zu überwinden. Nur **zwei** davon (Hammermühle und Hagenacker) können über eine **Bootsgasse** befahren werden, die übrigen **12** müssen in jedem Fall **umtragen** werden. Dafür ist ein eigener **Bootswagen** zu empfehlen. Dieser leistet darüber hinaus auch beim Bootstransport vom Bootsausstieg zum Zelt, Hotel oder Auto gute Dienste.

Sehenswürdigkeiten *(in der Reihenfolge des Tourenverlaufs)*

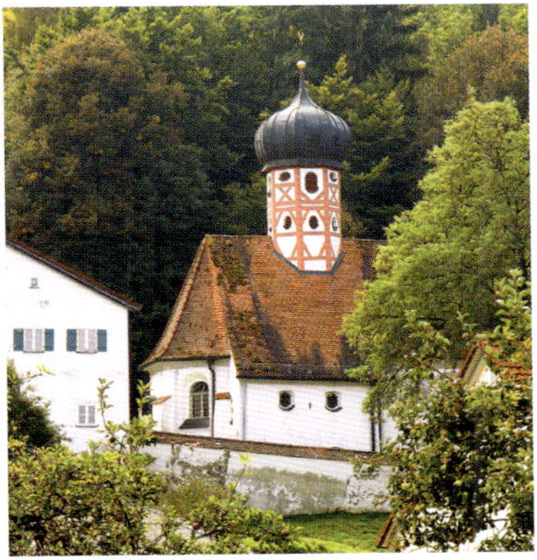

Wallfahrtskirche „Maria End" in Altendorf

Gunzenhausen: s. Seite 36.
Unterasbach: *St. Michaelskirche* (14. Jh.).
Windsfeld: *St. Gangolfskirche* (15. Jh.).
Gundelsheim a. d. Altmühl: *Bauernmuseum, St. Bartholomäuskirche* mit Kirchturm aus dem 14. Jh.
Trommetsheim: *St. Emmeramkirche* (1040).
Treuchtlingen: s. Seite 44.
Pappenheim: s. Seite 48.
Solnhofen: *Bürgermeister-Müller Museum Solnhofen* mit Versteinerungen aus der Jurazeit (Urvögel, Flug- und Fischsaurier), *Sola-Basilika* (Grundmauern und Reste von fünf übereinanderliegenden Kirchenbauten seit dem 6. Jh.), *Zwölf-Apostel-Felsen* bei Eßlingen.
Mörnsheim / Altendorf: *Wallfahrtskirche „Maria End"*, Ruine der *Staffelburg* (10. Jh.), *Pfarrkirche*, histor. *Kastenhof, Jura-Häuser.*
Dollnstein: *Altmühlzentrum* mit Ausstellung in der *Burg Dollnstein* (14. Jh.), *Pfarrkirche* mit gotischen Wandfresken.
Wasserzell: Spätgotische *Filialkirche zu Maria und den 14 heiligen Nothelfern* (1464-96).
Rebdorf: ehem. *Augustinerkloster mit Klosterkirche „St. Johannes der Täufer".*
Eichstätt: siehe Seite 66.
Pfünz: *Mittelalterliche Steinbrücke* (15. Jh.), *Römerkastell Vetoniana.*
Gungolding: *Naturschutzgebiet Wacholderheide,* barocke *Pfarrkirche Mariä Himmelfahrt.*

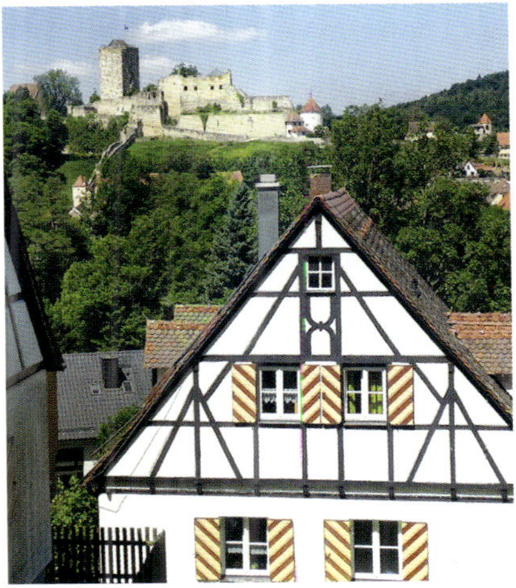

Die mittelalterliche Burgruine Pappenheim

Arnsberg: *Schloss Arnsberg, Naturschutzgebiet Arnsberger Leite.*
Kipfenberg: *Römer- und Bajuwarenmuseum* mit *Infopoint Limes* auf der *Burg Kipfenberg, Erholungzentrum Kratzmühlsee* mit *Technischem Museum, Kath. Pfarrkirche Mariä Himmelfahrt* (1624-1627), *Filialkirche St. Georg, Fastnachtsmuseum Fasenickl.*
Kinding: spätmittelalterliche *Wehrkirchenanlage.*
Kratzmühle: *Technikmuseum* in der historischen Mühle.
Beilngries: siehe Seite 84.
Kottingwörth: *Wehrkirche St. Vitus* (1760) mit mittelalterl. Deckenfresken.
Dietfurt a.d. Altmühl: *Rathaus* (1479), *Franziskanerkloster* (1660), gotische *Stadtpfarrkirche St. Ägidius, Altmühltaler Mühlenmuseum, barocke Wallfahrtskirche „Zu den Drei Elenden Heiligen"* im OT Griesstetten.

Weitere Aktivitäten an der Altmühl

Paddeln: Für erfahrene Kanuten ***Weiterfahrt*** auf dem ***Main-Donau-Kanal*** bis Kelheim und anschließend auf der Donau. ***Paddeln*** auf dem ***Großen Brombachsee***.

Radfahren: Die bekannteste und beliebteste Mehrtagestour ist der über 160 km lange ***Altmühltal-Radweg*** von Gunzenhausen nach Kelheim mit Anschluss zum ***Donau-Radweg***. Der *Naturpark Altmühltal* bietet eine gute Beschilderung, zahlreiche Vermiet- und Reparaturstationen und ein dichtes Netz an fahrradfreundlichen Gastgebern.

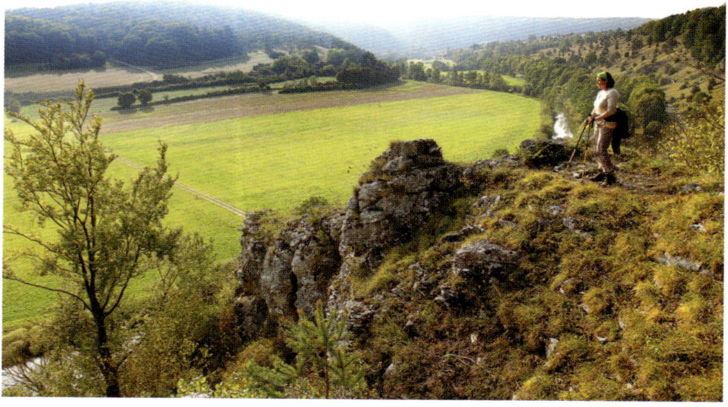

Der Altmühltal-Panoramaweg und andere herrliche Routen machen es einem leicht, mal das Paddel aus der Hand zu legen

Kleinere Radwege: ***Urdonautal-Radweg*** von Dollnstein nach Neuburg (33 km) oder von *Dollnstein – Wellheim – Nassenfels – Pfünz – Eichstätt zurück nach Dollnstein (62 km)*, ***Schmalbachtalbahn-Radweg*** von Riedburg nach Ingoldstadt *(45 km)*, ***Anlautertal-Radweg*** von Kinding über Kesselberg nach Weißenburg *(40 km)*, ***vom Altmühltal ins Anlautertal*** *(Dollnstein – Schernfeld – Titting, 27 km)*, ***vom Seenland ins Altmühltal*** *(Gunzenhausen – Thalmässing – Greding – Kinding, 61 km)*.

Wandern: Zwei Weitwandermöglichkeiten bietet die Region. Den rund 200 km langen ***Altmühltal-Panoramaweg*** *(Gunzenhausen – Kelheim)* und den ***Limeswanderweg*** *(115 km, Gunzenhausen – Bad Gögging)*.

Wander- und Themenwege: ***Mühlenweg*** *(Arnsberg – Schambachtal – Kipfenberg – Arnsberg, 26 km)*, ***Benediktinerweg*** *(Beilngries – Biberbach – Beilngries, 15,4 km)*, ***Altmühltal-Runde*** *(Beilngries – Pfraundorf – Beilngries, 18 km)*, ***Sulztalwanderweg*** *(Beilngries – Berching – Beilngries, 23,4 km)*, ***Schambachtal*** *(Pfalzpaint – Schambach – Pfalzpaint, 16 km)*, ***Altmühlbergweg*** *(Dietfurt a.d. Altmühl – Zell – Dietfurt a.d. Altmühl, 13 km)*, ***Rundwanderweg Eichstätt*** *(10 km)*, ***Rund um Treuchtlingen*** *(Treuchtlingen – Bubenheim – Treuchtlingen, 17 km)*, ***Geoweg Urdonautal*** *(Dollnstein – Wellheim – Dollnstein, ca. 22 km)*. Besonders ***schöne Wandermöglichkeiten*** bestehen zwischen Solnhofen, Mörnsheim, Dollnstein und Eichstätt.

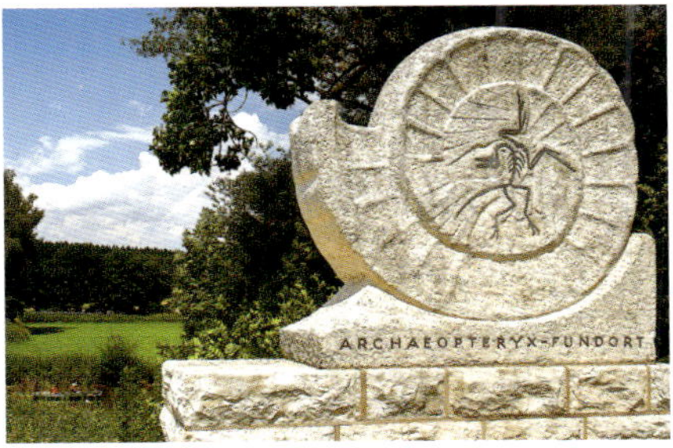

An der Altmühl-Brücke bei Altendorf wurde der berühmte Urvogel Archaeopteryx gefunden

Fossiliensuche: Mehrere ***Besuchersteinbrüche*** im Altmühltal (u. a. ***Solnhofen sowie Mörnsheim OT Mühlheim und Eichstätt OT Blumenberg***) bieten die Möglichkeit zur Schatzsuche im Steinbruch. Mit etwas Glück lässt sich so eine selbstgefundene Versteinerung als Souvenir mit nach Hause nehmen.

Klettern: Die bis zu 70 Meter hohen ***Felsmassive*** des ***Frankenjura*** bieten fast ganzjährig gute Kletterbedingungen und unterschiedlich schwere Routen. Der ***Burgsteinfelsen bei Dollnstein*** z.B. lässt sich auf mehr als 30 Routen erklettern.

Weitere Kletter-Klassiker sind ***Madonna, Dohlenfelsen*** und der ***Kinderkletterfels Asterix & Obelix***, alle im ***Urdonautal*** im ***Klettergebiet Konstein / Aicha***. www.naturpark-altmuehltal.de/klettern

Baden, Kiten, Surfen, SUP, Segeln und **Tauchen** auf und im ***Großen Brombachsee*** und ***Altmühlsee***.

Angeln in der Altmühl sowie im Großen Brombachsee und Altmühlsee *(Angelkarten bei den Tourist-Infos).*

Lohnende Ausflüge: Ellingen mit Deutschordensschloss *(„Perle des fränkischen Barocks")*, Schlosspark **Dennenlohe** *(größter Rhododendronpark Süddeutschlands)*, **Weißenburg in Bayern** *(ehem. Römer- und Freie Reichsstadt mit hist. Altstadt)*, **Monheim** *(malerische Altstadt)*, **Ansbach** *(historische Altstadt).*

Historische Feste

Mai	***Lammauftrieb*** in **Mörnsheim.**
Juni	***Rittertunier*** auf **Burg Pappenheim.** ***histor. Burgfest*** in **Treuchtlingen.**
Juli	***Altstadtfest*** **Eichstätt.**
August	***Altmühltaler Lamm-Erlebnistage*** in **Eichstätt.** ***Limesfest*** in **Kipfenberg.**
September	***Kirchweihfest*** in **Gunzenhausen**.

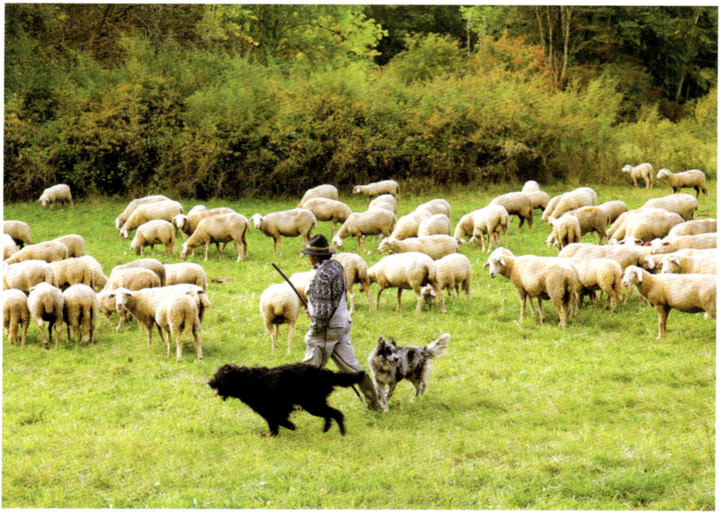

Mit ihren Herden sorgen die Schäfer für die Erhaltung der Kulturlandschaft im Naturpark Altmühltal

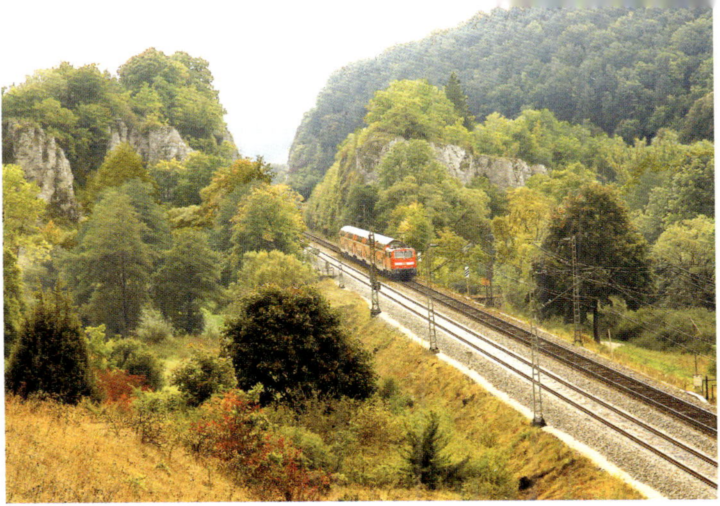

Durch die gute Bahnanbindung lassen sich die Etappen sehr flexibel einteilen

Anreise

Mit Bus & Bahn: Der Ausgangspunkt Gunzenhausen liegt an den Bahnlinien München – Würzburg sowie Pleinfeld – Gunzenhausen und ist problemlos mit der Bahn zu erreichen. Infos www.bahn.de

Mit dem Auto: Mit dem eigenen PKW gelangen Sie am schnellsten auf den Autobahnen A9 oder A6 und anschließender kurzer Fahrt über Bundes- / Landstraße nach Gunzenhausen. Parken können Sie das Auto für die Dauer der Kanutour am besten auf dem Großparkplatz „Zum Schießwasen", direkt neben der Stadthalle und somit am Bootseinstieg.

Einsetzstelle gesamte Altmühltour

In **Gunzenhausen** Bootstreppe an der Brücke über die Altmühl ***an der Stadthalle*** (Zum Schießwasen).

Aussetzstelle gesamte Altmühltour

In **Töging** Uferwiese hinter der Holzbrücke (Zufahrt über Altmühlstraße).

Zurück zum Pkw der gesamten Altmühltour

Im Sommer (Ende Mai bis Anf. Okt) Sa, So & Feiert. mit dem ***Freizeitbus 6010*** von Dietfurt a.d. Altmühl nach Eichstätt oder Dollnstein, dort weiter mit der Bahn über Treuchtlingen (umsteigen) nach Gunzenhausen.

Die gute Verbindung mit öffentlichen Verkehrsmitteln entlang der Altmühl (zumindest zwischen Gunzenhausen und Eichstätt) ermöglicht eine individuelle Tourenplanung. So können Sie auch gut kürzere Teilstücke paddeln und bequem mit Bahn und Bus zum Ausgangspunkt zurückkehren.

Von Gunzenhausen bis Eichstätt führen die Bahnschienen praktisch parallel zur Altmühl durch das Tal. Bahnhöfe gibt es in Gunzenhausen, Treuchtlingen, Pappenheim, Solnhofen, Dollnstein, Eichstätt und Kinding.

Auf dem weiteren Tourenteil gibt es zwar keine Bahnanbindung, dafür verbindet während der Urlaubssaison von Frühjahr bis Herbst der sogenannte ***Freizeitbus*** mit insgesamt vier Linien die schönsten Urlaubsziele **zwischen Eichstätt und Regensburg**. Eine Einschränkung gibt es allerdings: Die Busse verkehren nur an Wochenenden und Feiertagen. Eine Ausnahme bildet die Linie von Beilngries über Bahnhof Kinding nach Eichstätt, die zusätzlich auch von Montag bis Freitag bedient wird.

Die Fahrpläne der Freizeitbusse finden Sie unter:
www.naturpark-altmuehltal.de
Fahrplanauskunft für den ***Verkehrsverbund Großraum Nürnberg*** (VGN), Tel. (0800) 463 68 46, www.vgn.de

Länge und Dauer der gesamten Altmühltour

124 km, 5 - 8 Tage, je nach Anspruch und Zeitbedarf für Besichtigungen und Ausflüge evtl. länger.

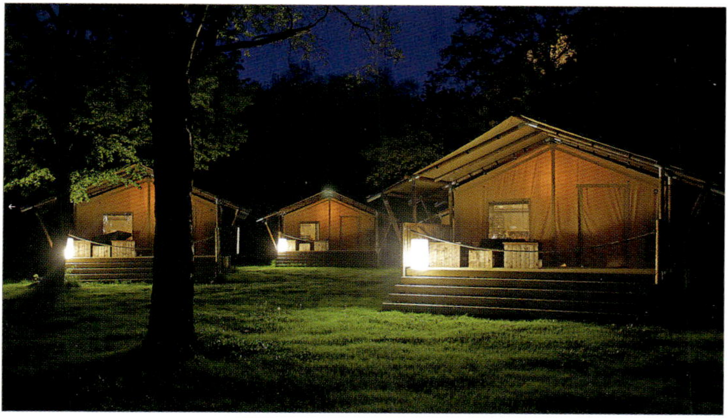

Die Übernachtungsmöglichkeiten an der Altmühl reichen vom Zelt über Nature Lodges . . .

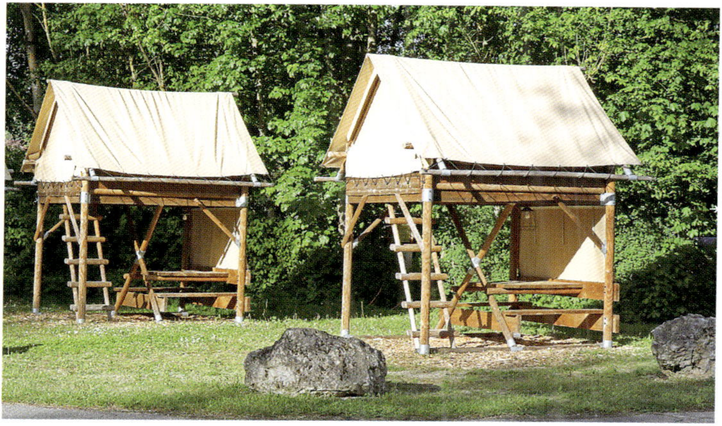

. . . und Bike Lodges, wie hier beim AZUR Camping in Kipfenberg, bis hin zum Hotel

Umtragestellen der gesamten Altmühltour

Insgesamt 14 Wehre.
Ein Kanuwagen sollte mitgeführt werden.

Etappenvorschlag

1. Tag: Gunzenhausen – Treuchtlingen (ca. 27 km).

2. Tag: Treuchtlingen – Hammermühle (ca. 21 km).

3. Tag: Hammermühle – Eichstätt (ca. 24 km).

4. Tag: Eichstätt – Kipfenberg (ca. 25 km).

5. Tag: Kipfenberg – Beilngries (ca. 16 km).

6. Tag: Beilngries – Töging (ca. 10 km).

Tipps für Tagestouren

1. ***Treuchtlingen – Hammermühle*** (ca. 22 km), zurück mit der Bahn.

2. ***Pappenheim – Dollnstein*** (21 km), zurück mit der Bahn.

3. ***Solnhofen – Dollnstein*** (13 km), zurück mit der Bahn.

4. ***Hammermühle – Eichstätt*** (ca. 24 km).

5. ***Eichstätt – Kipfenberg*** (ca. 25 km).

Adressen

Übernachtungsmöglichkeiten in Wassernähe finden Sie im Adressteil des Buches nach Ortsnamen alphabetisch aufgelistet ab *Seite 93* sowie im Tourenteil des Buches in der Randspalte am jeweiligen Ort.

Adressen der ***Kanuvermieter*** an der Altmühl finden Sie im Adressteil ab *Seite 96*, ***Fahrradvermieter*** und ***Touren-Veranstalter*** ab *Seite 98*.

Adressen zu Sehenswürdigkeiten finden Sie auch alphabetisch nach Ortsnamen sortiert im Adressteil ab *Seite 99*.

Literatur-Tipps

„Altmühltal-Panoramaweg“. Wanderführer für den Weitwanderweg von Gunzenhausen nach Kelheim, *Conrad Stein Verlag*.

Zeit zum Wandern **„Fränkisches Seenland und Altmühltal“**, 40 Wanderungen, Bergtouren und Ausflugsziele, *Bruckmann Verlag*.

„ErlebnisWandern mit Kindern Fränkisches Seenland mit Altmühltal“. 39 Touren. Mit GPS-Tracks und vielen Freizeittipps, *Rother Bergverlag*.

Kompass-Fahrradführer **„Altmühltalradweg“**. 6 Tagesetappen und die schönsten Touren, mit Karten 1:50.000, *Kompass-Verlag*.

Individuell Reisen: **„Altmühltal & Fränkisches Seenland“**. Umfassender Reiseführer mit vielen praktischen Tipps, *Michael Müller Verlag*.

MARCO POLO Raus & Los! **„Altmühltal, Donau, Fränkisches Seenland“**: Das Package für unterwegs: Der Erlebnisführer mit großer Erlebniskarte.

Reiseführer **„111 Orte im Altmühltal und in Ingolstadt, die man gesehen haben muss“**, *Emons Verlag*.

Freizeitkarte / Wanderkarte 1:50.000: **„UK50-23 Naturpark Altmühltal westlicher Teil“**, **„UK50-24 Naturpark Altmühltal mittlerer Teil“** und **„UK50-25 Naturpark Altmühltal, östlicher Teil“**, *Karten vom Landesamt für Digitalisierung Breitband und Vermessung Bayern*.

DuMont Bildatlas **„Altmühltal“**, DUMONT REISEVERLAG.

„Altmühltal: Im Reich des Archaeopteryx“, Hintergrundinfos zur Geologie der Region und Spaziergänge zu den bedeutendsten Sehenswürdigkeiten der Region, *Quelle & Meyer Verlag*.

„Archäologiepark Altmühltal“. Spannender Reiseführer in die Vorzeit mit Kurzgeschichten aus der Welt der Neandertaler und Kelten zu den 15 Stationen des Archäologieparks Altmühltal, *Verlag Schnell & Steiner*.

Oberbayern Krimi: **„Vogelwild“**, **„Teufelsmauer“**, **„Hausbock“**, Kriminalroman **„Endstation Altmühltal“**, **„Altmühlhexen“**, *alle Emons Verlag*.

Etappe 1 – von Gunzenhausen bis Eichstätt

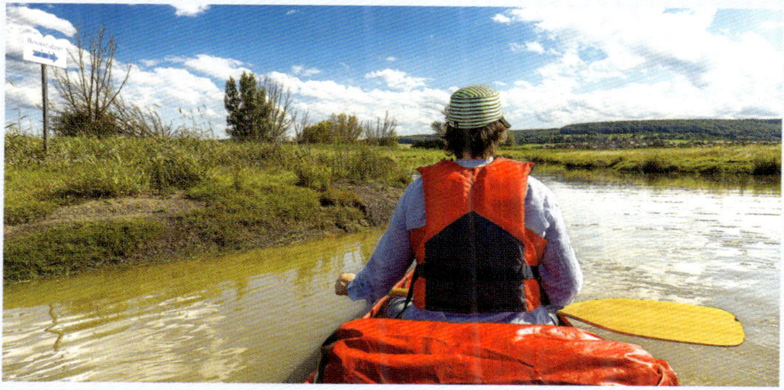

Einsetzstelle: In **Gunzenhausen** Bootstreppe an der Brücke über die Altmühl an der Stadthalle *(Straße: Zum Schießwasen)*.

Aussetzstelle: In **Eichstätt** Wohnmobilstellplatz und Zeltplatz, Schottenau /Schottenwiese neben Pirkheimer Straße.

Zurück zum Pkw: Mit der Bahn über Treuchtlingen (umsteigen).

Länge und Dauer der Etappe: Ca. 72 km, 3-4 Tage.

9 Wehre mit Umtragung: Treuchtlingen 1, Treuchtl. 2, Pappenheim, Zimmern, Solnhofen, Bubenrother Mühle, Rebdorf, Eichstätt, Aumühle.

2 Wehre mit Bootsrutsche: Hammermühle, Hagenacker.

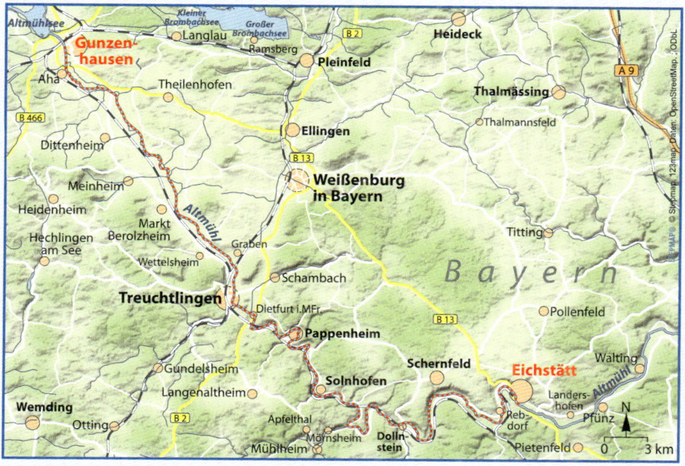

Blick auf Gunzenhausen

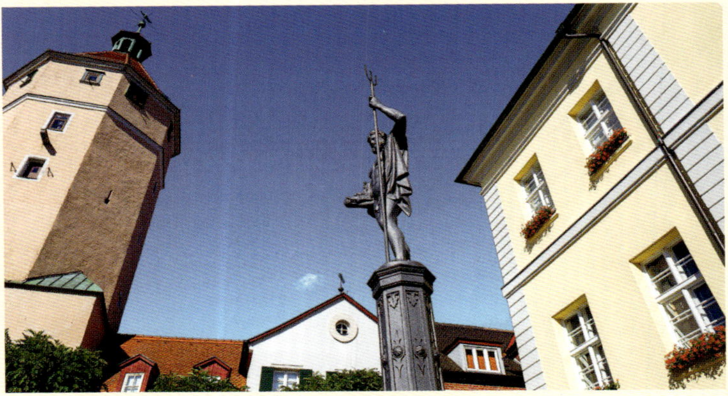

Blasturm und Stadtmuseum

Die mittelfränkische Kleinstadt Gunzenhausen zwischen Altmühl- und Brombachsee bildet das Zentrum des Fränkischen Seenlands und ist das Eingangstor zum Naturpark Altmühltal. Eines der größten Volksfeste ist die traditionelle Gunzenhäuser Kerwa, das Kirchweih-Volksfest im September.

Die Stadtgründung geht zurück auf ein Numeruskastell, das die Römer um 90 n.Chr zur Verstärkung der Grenzanlagen errichteten, nachdem sie die Kelten aus den Gebieten nördlich der Donau vertrieben hatten und bis in die Gegend des heutigen Gunzenhausen vordrangen. Wachtürme des Raetischen Limes, der 2005 zum Unesco-Weltkulturerbe gekürt wurde, kann man auf einer Wanderung durch den Burgstallwald entdecken.

① ***Rathaus*** im 16. Jh. aus zwei Adelshäusern entstandenes ehemaliges Schloss.

② ***Spitalkirche.*** 1701 grundlegend im Barock-Stil erneuert, imposante Stuckdecke mit Markgrafenwappen.

③ ***Gasthof zur Post.*** Traufseitbau mit Krüppelwalmdach aus dem 17. Jh.

④ ***Ehemal. Jagdschloss, markgräflicher Hofgarten.*** Heute Haus des Gastes.

⑤ ***Fachwerkhaus Hospet.*** Im 16. Jh. erbaute Scheune, die zu Beginn des 19. Jh. zum Wohnhaus umgebaut wurde.

⑥ ***Archäologisches Museum*** mit fünf modernen Ausstellungsräumen mit Funden von der Steinzeit bis zum frühen Mittelalter. Natürlich kommen auch die Römer und der Limes nicht zu kurz.
Brunnenstr. 1, Tel. (09831) 50 83 06, Mai-Sep Mo-Fr 9-12.30 u. 14-18, Sa 10-14, Okt-Apr Mo-Fr 9-12.30 u. 14-17, Sa 10-13, Eintritt ca. 3,50 €.

⑦ ***Blasturm*** (auch ***Ansbacher Torturm*** oder ***Neues Tor).*** Stadttor der Altstadt mit vollständig eingerichteter Türmerwohnung mit guter Aussicht, *Rathausstr. 13, Tel. (09831) 50 83 00, Mai-Okt kostenlose Führung Do 11.30 und So 11.*

⑧ ***Zocha Palais.*** Barockbau von 1706, heute Stadtmuseum mit Exponaten zur Stadtgeschichte wie Fayencefliesen, Kunsthandwerk, Mobiliar und Trachten, *Rathausstr. 12, Tel. (09831) 50 83 06, aufgrund von brandschutzrechtlichen Maßnahmen bis auf weiteres geschlossen.*

⑨ ***Storchenturm.*** Um 1450 erbauter Stadtturm.

⑩ ***Färberturm.*** Rundturm aus dem 14. Jh. mit gutem Ausblick.

⑪ ***Evangel. Stadtkirche St. Maria.*** Spätgotische Kirche (1448-1496), am Ort des einstigen römischen Numeruskastells und dem späteren Kloster errichtet.

⑫ ***Historischer Marktplatz.*** Gesäumt von fränkischen Fachwerkhäusern und prächtigen Barockbauten.

⑬ ***Reste des Limes*** (UNESCO-Weltkulturerbe seit 2005) im Burgstallwald östlich der Stadt.

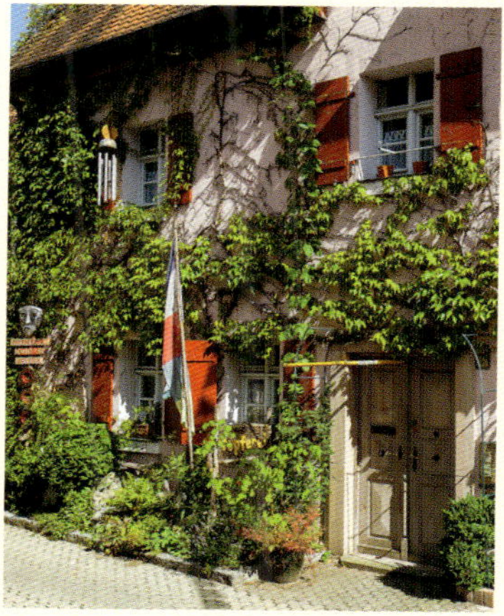

Tourist-Info, Rathausstr. 12, Tel. (09831) 50 83 00, www.gunzenhausen.de

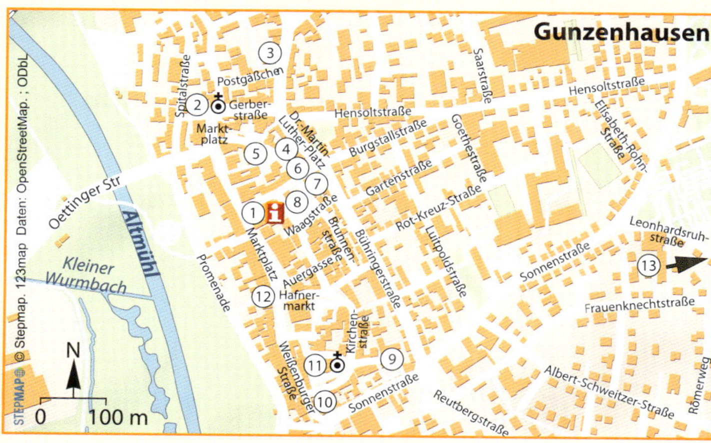

Start
km 124,3

Jugendherberge
(09831) 670 20

Altmühlsee Camping Herzog
(09831) 90 33

SAN-aktiv-TOURS
(09831) 49 36

Fahrradcenter Gruber
0170-672 99 65

Einsetzen in **Gunzenhausen** an der *Bootstreppe* am rechten Altmühlufer bei der Straßenbrücke hinter dem Wehr gegenüber der modernen Stadthalle, die ein beliebter Veranstaltungsort für Kongresse, Messen, Konzerte und andere Events ist. Der ***Großparkplatz „Zum Schießwasen"*** bietet eine gute Abstellmöglichkeit für das Auto während der Tour. Im Ort gibt es eine *Kanu- und Fahrradvermietung,* ***Restaurants,*** *Jugendherberge* und ***Hotels***. Zweieinhalb Kilometer nördlich der Einsetzstelle liegt der *Campingplatz Herzog am Altmühlsee*.

Bis Treuchtlingen fahren wir durch ein **Renaturierungsgebiet** und verlassen das Kanu nur an **ausgewiesenen Ein- und Ausstiegsstellen.**
Die zu Beginn des 20. Jh. in ein kanalartiges, gerades Flussbett gezwängte Altmühl wurde renaturiert und darf sich nun wieder in weitverzweigte Arme auffächern und in verschlungenen Bögen durch das weite Tal schlängeln. Breite Uferstreifen und unzugängliche und somit störungsfreie Inselflächen wurden angelegt. An allen Gabelungen stehen Schilder mit einem Richtungspfeil und der Aufschrift „Bootsfahrer", so dass die Wegfindung keine Probleme bereitet.

Auf den ersten Metern ist die Altmühl noch schnurgerade. Die hohen Ufer werden von Weiden gesäumt und Doldenblüter setzen kräftige weiße Akzente inmitten des üppigen Grüns.

km 123

Hinter der Straßenbrücke tritt ein Schilfgürtel ans Ufer. Es geht an einer ersten kleinen Insel im Flusslauf vorbei und am rechten Ufer zieht die ***Markgrafenkirche*** von **Aha** vorüber. *Nach Plänen des Ansbacher Hofarchitekten Gabriel de Gabrieli wurde sie 1721 erbaut.*

km 119,2

Einen *Abstecher zu Fuß* wert ist die nördlich von **Unterasbach** auf dem ***Michelsbuck*** gelegene ***St. Michaelskirche*** mit dem prächtigen Kuppelhelm.

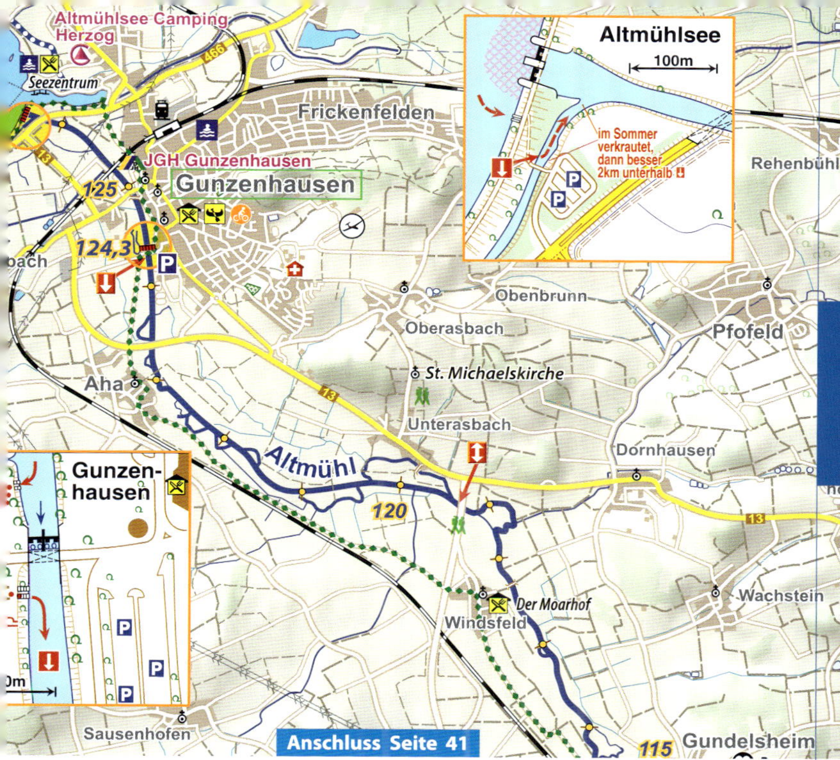

Einer Sage nach ist sie eine Wanderkirche, da alles was man ursprünglich im Dorf anfing zu bauen, tags darauf wieder auf dem Berg stand, bis man den „Wink Gottes" verstand und sie auf dem Hügel errichtete. Wahrscheinlich handelt es sich um eine mittelalterliche Wallfahrtskirche, wie Berichte ungarischer umherziehender Mönche belegen. Dem Erzengel Michael gewidmete Kirchen wurden meist auf Anhöhen errichtet und sind sehr alt.

Rund 500 Meter Fußweg in die Gegenrichtung gelangt man in das unter Ensembleschutz stehende **Windsfeld**. Das *Landcafé „Der Moarhof"* offeriert köstlichen Kuchen und kleine Speisen. Überdies können müde Wanderer hier übernachten. *Die im Kern aus dem 15. Jahrhundert stammende St.*

Der Moarhof
(09834) 97 59 30

Gangolfskirche ist eine Chorturmkirche und birgt in ihrem Innern Epitaphien aus dem 17. und 18. Jh.

An der Flussgabelung hinter der Straßenbrücke hält man sich links und folgt dem Flusslauf durch ein paar enge Kurven. Die Ufer sind flach und der Wasserstand sehr niedrig. Der Flusslauf wird nun wieder breiter und am Ufer von ein paar Bäume begleitet.

km 114,5

Bauernmuseum
(09834) 97 83 66
oder (09834) 554
1. So im Monat
14-16 & n. Vereinb.

Die Häuser von **Gundelsheim** sind schon einige Mäanderbögen vorab über dem Schilf zu sehen, hinter der Brücke wurde am linken Ufer ein ***Bootsausstieg*** angelegt. Ein paar Bänke in Form von Natursteinquadern laden zur Rast ein und eine Tafel informiert über die Renaturierung der Altmühl.

Zehn Minuten entfernt gibt es im Ort ein *Bauernmuseum* mit bäuerlichen Wohngegenständen und Arbeitsgeräten. Eine Besonderheit des Museums ist die kleine Bauernküche.

km 112,5 An der Flussgabelung hinter der nächsten Straßenbrücke hält man sich rechts.

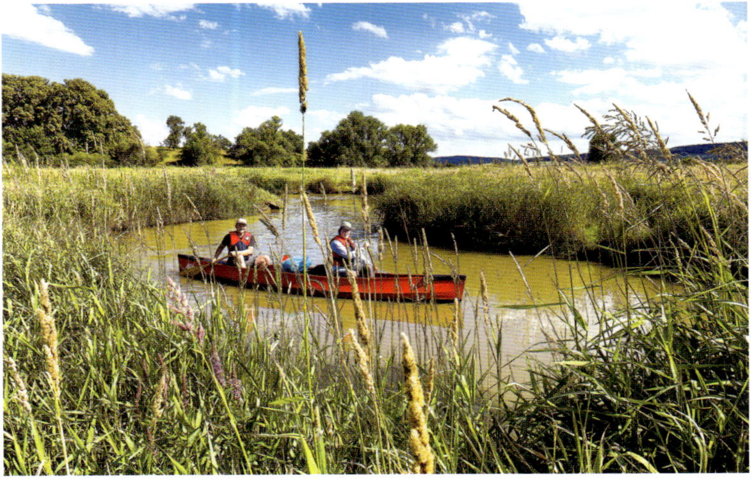

Der einst begradigte Abschnitt zwischen Gunzenhausen und Treuchtlingen wurde in den vergangenen Jahren renaturiert

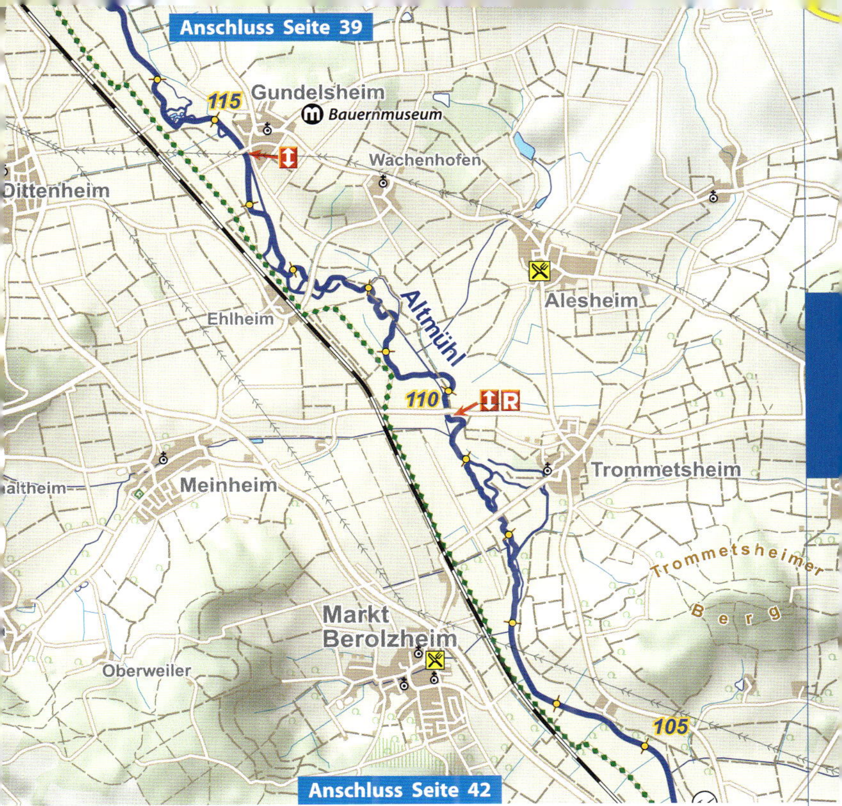

Auch hinter der Straßenbrücke kurz vor **Trommetsheim** wurde ein ***Rastplatz*** *(kein Zeltplatz)* mit ***Bootstreppe*** angelegt und das Luftbild auf der Infotafel zeigt eindrucksvoll den Unterschied zwischen dem einst wie mit dem Lineal gezogenen Kanal und dem neuen, vielfach verzweigten Wasserlabyrinth nach der Renaturierung der Jahre 2008/2009. *Im Ort, der für seine Storchenpopulation bekannt ist, steht die um 1040 geweihte* ***St. Emmeramkirche****, deren Kirchturm von einem Spitzhelm gekrönt wird.* **km 110,3**

Am linken Ufer kündigt der gelbe Kirchturm **Bubenheim** an. Es ist der erste Ort der Tour, dessen Häuser bis direkt ans Wasser reichen. **km 103,2**

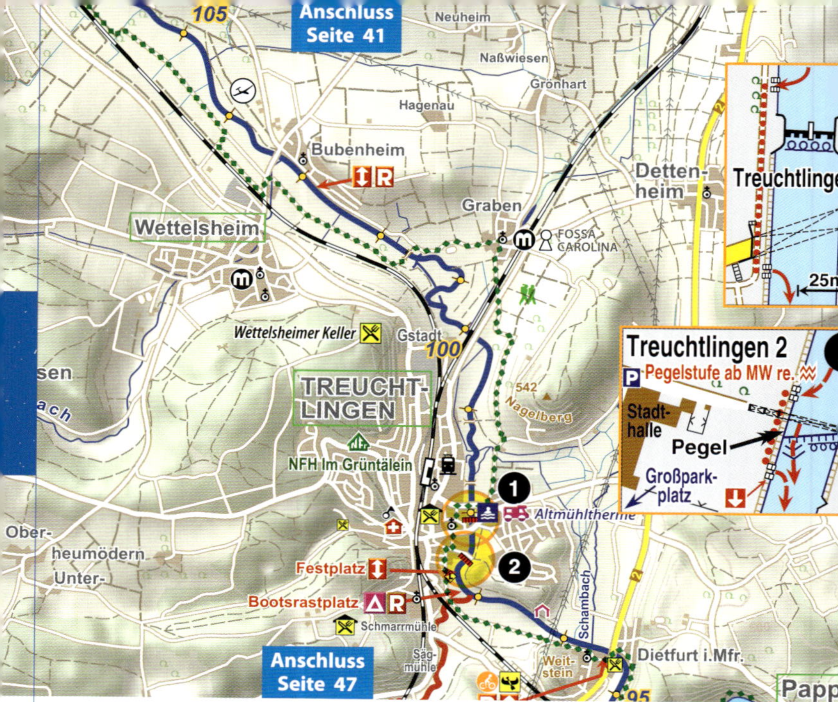

Wettelsheimer Keller
(09142) 77 40
Mai-Sep Do-So ab 10
zusätzl. Jul, Aug Mo-Mi ab 16

Das vom westlichen Ufer 500 Meter entfernte **Wettelsheim** wurde 2001 im bayernweiten Wettbewerb „Unser Dorf soll schöner werden" mit Silber ausgezeichnet. Sein Ortsbild wird maßgeblich geprägt durch die Steinbrücken über die *Rohrach*. Zwei ***sehenswerte Kirchen***, das ***Heimatmuseum*** *(Mo 16-18)*, ***Gasthöfe*** sowie der hoch oben am Waldrand zwischen Wettelsheim und Treuchtlingen thronende ***Wettelsheimer Keller*** mit seinem bereits 1850 erbauten Biergarten lohnen den Abstecher.

Der Flusslauf wird nun schmaler und die Strömung etwas stärker.

km 99,5 Der ***Nagelberg*** (542 m) zwingt die Altmühl in eine Rechtskurve, am linken Ufer fällt die ***1961 geweihte Kriegsgräberstätte*** ins Auge, auf der über 2.500 Gefallene der beiden Weltkriege begraben sind.

Bald darauf überspannt eine ***hölzerne Fußgängerbrücke*** die Altmühl und am linken Ufer schlendern Spaziergänger durch den *Kurpark*. Am rechten Ufer ziehen sich die ersten Häuser von **Treuchtlingen** hoch den Hang hinauf. Eine imposante, an Drahtseilen hängende ***Holzfußgängerbrücke*** markiert das Ende des Kurparks.

km 98,9

km 98,3

Hinter der Straßenbrücke rauscht die Altmühl über das *Wehr 1* im Stadtgebiet von **Treuchtlingen**. Für die Portage legt man gegenüber der *Altmühltherme* *(WoMo-Stellplatz)* am rechten Ufer an. Der Einstieg erfolgt dann hinter der nächsten Straßenbrücke.

km 98

1 Wehr Treuchlingen 1
umtragen rechts

Pension & Café Zur Brücke
0171-874 46 44

Altmühltherme
(09142) 960 20
Tgl. 9-21

Nach wenigen Paddelschlägen versperrt bei der Stadthalle bei **km 97,5** das *Wehr Treuchtlingen 2* die Weiterfahrt und muss kurz, ebenfalls über den Fußweg am rechten Ufer, umtragen werden.

2 Wehr Treuchlingen 2
umtragen rechts

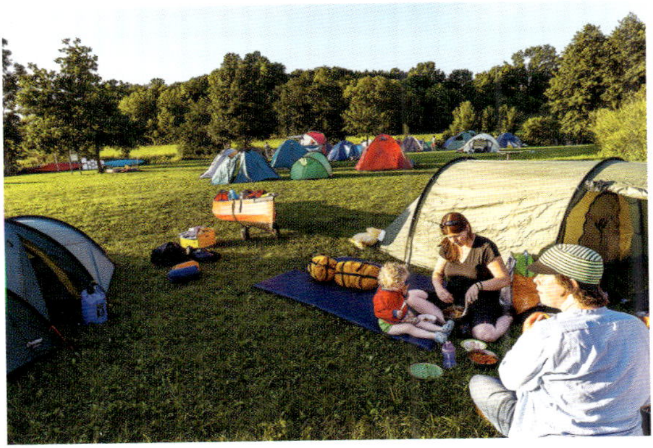

Paddler unter sich: Bootsrastplatz in Treuchtlingen

km 97,3

Anleger Festplatz

km 97,2

Vorbei am ***Anleger Festplatz*** kommt man zur Wiese des *Zelt- und Bootsrastplatz Treuchtlingen.* Hier bleiben Wanderer, Radler und Paddler unter sich. Es gibt einen Duschcontainer und die Möglichkeit für ein Lagerfeuer. Von hier ist es nur ein kurzer Spaziergang bis ins Stadtzentrum und auch ein Supermarkt zum Aufstocken des Proviants ist nicht weit.

Zelt- und Bootsrastplatz Treuchtlingen
0170-304 02 96

Hotel Garni Gästehaus Stadthof
(09142) 969 60

Blick auf Treuchtlingen

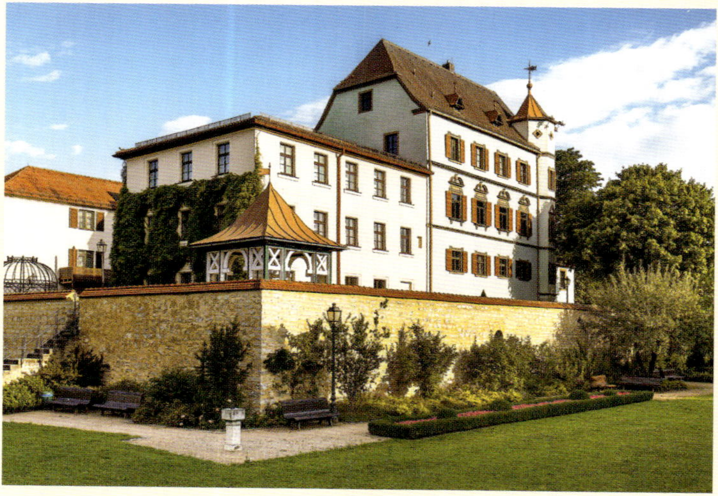

1594 erblickte der Reitergeneral Gottfried Heinrich von Pappenheim im Stadtschloss Treuchtlingen das Licht der Welt

Als wichtiger Eisenbahnknotenpunkt spielte Treuchtlingen im 19. Jh. eine entscheidende Rolle bei der Industrialisierung Bayerns. Heute bestimmt der Fremdenverkehr das Wirtschaftsleben der beschaulichen Kurstadt. Gleich zwei staatlich zertifizierte Heilquellen speisen mit heißem Wasser die Thermalbecken der modernen Altmühltherme.

Seit Mitte des 12. Jh. thront die Obere Veste hoch auf einem Bergsporn westlich der heutigen Stadt. Die sanierte Burgruine bietet einen tollen Blick über Treuchtlingen und die Altmühl.

In der Stadtmitte beherbergt das Stadtschloss im Stil der Renaissance die Tourist-Info und eine Ausstellung des Naturparks. General Heinrich von Pappenheim wurde hier geboren, der Vorbild für den zum Sprichwort gewordenen Ausspruch „Daran erkenn' ich meine Pappenheimer" in Schillers Drama „Wallenstein" war.

Entlang der Altmühl lädt der von Wasser durchzogene Kurpark mit zahlreichen Skulpturen zu einem Spaziergang. Im Pavillon in der Parkmitte finden den Sommer über klassische Konzerte statt.

i ***Kur- und Tourist-Info Treuchtlingen,*** Heinrich-Aurnhammer-Str. 3, Tel. (09142) 96 00 60, www.treuchtlingen.de

(1) ***Stadtschloss.*** Renaissanceschloss aus der Mitte des 16. Jh., heute Sitz der ***Kur- und Tourist-Info*** *(Apr-Okt, Mo-Fr 9-18, Sa 10-16)* sowie des ***Informationszentrums Naturpark Altmühltal*** mit Ausstellungen zur Geschichte und Entwicklung der Kulturlandschaft der Region und umfangreicher Fossiliensammlung. Im zweiten Obergeschoss informiert das ***Posamenten-Museum*** *(Mo-Fr 9-12)* über die Fabrikantenfamilie Aurnhammer und die Bortenmacherindustrie.

(2) ***Museum Treuchtlingen.*** Umfangreiche, volkskundliche Sammlung mit über 22.000 Exponaten, darunter Möbel (17.-19. Jh.) sowie stein- und bronzezeitlichen Funden aus der Region.
Heinrich-Aurnhammer-Str. 3, Tel. (09142) 96 00 60, Apr-Okt Di-So 13-17, Nov-Mär Mi-Fr 13-17 So 13-17 Uhr, Eintr. ca. 3 €, www.museum-treuchtlingen.de

(3) ***Lambertuskirche.*** Ältester Kirchenbau der Stadt. Im 16. und 17. Jh. Grablege der Treuchtlinger Grafen. Seine heutige Gestalt im Stil des Barock erhielt die Kirche 1733.

(4) ***Rathaus.*** Erbaut 1893 mit historischem Sitzungssaal.

(5) ***Markgrafenkirche.*** Evangelisch-lutherische Pfarrkirche (1757).

(6) ***Denkmal-Lok 01 220.*** Dampflokomotive der Schnellzug-Baureihe 01.

(7) ***Altmühltherme.*** Thermalbad mit Wellness-, Spaßbad und Sauna.

(8) ***Kurpark.*** Naturnaher Kurpark mit Kneippanlage, Barfuß-Pfad, modernen Kunstwerken und Konzertpavillon.

(9) ***Marienkirche.*** 1933/34 aus Jurastein erbaut, Altäre, Taufbecken und Kanzel aus Treuchtlinger Marmor.

(10) ***Burg Treuchtlingen.*** Restaurierte Burgruine mit toller Aussicht. Den Schlüssel für den Bergfried gibt es gegen Kaution in der Tourist-Info. *Am Schlossberg, Apr-Okt Mo-Fr 9-18, Sa+So 10-16, Nov-Mär Mo-Fr 9-12 + 13-17 Uhr, Eintritt frei.*

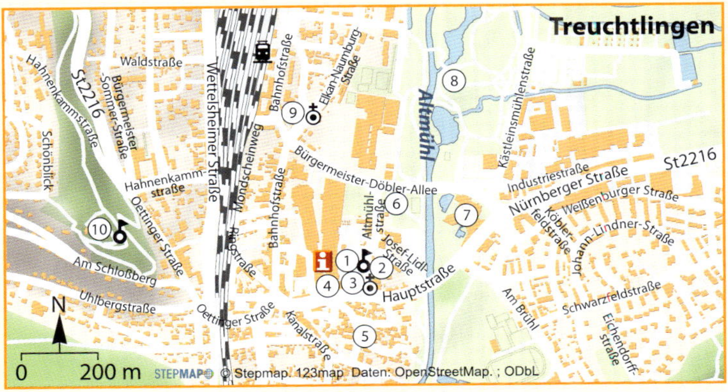

Karlsgraben Ausstellung
Hüttinger-Scheune im Dorf Graben
Mai-Mitte Okt
Mi-So 14-17

Wer noch einen Ruhetag in Treuchtlingen einlegen möchte, dem sei eine *Wanderung* ins vier Kilometer am Fuße des ***Nagelbergs*** gelegene Dorf **Graben** empfohlen. Dort ist eines der größten ***technischen Kulturdenkmäler des frühen Mittelalters***, die FOSSA CAROLINA (Karlsgraben) zu besichtigen.

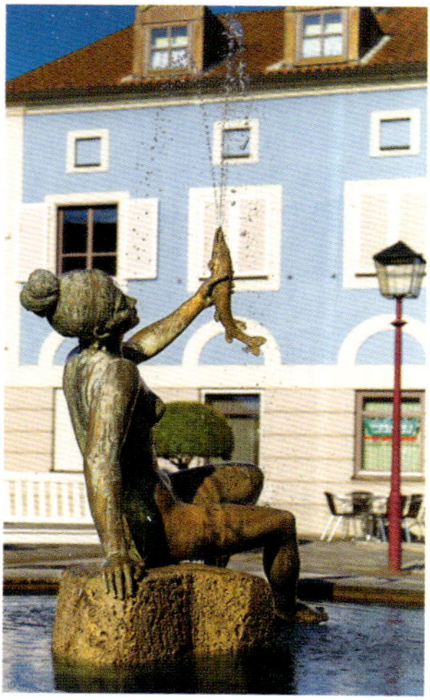
Am Marktplatz in Treuchtlingen

Erhalten sind eine noch 500 Meter lange Wasserfläche und sich daran anschließende Erdwälle. Sie zeugen von dem Versuch Karls des Großen im Jahre 793 einen rund 3.000 Meter langen Kanal auszuheben, um mit Schiffen in den Südosten seines Reiches fahren zu können. Er wollte somit Rhein, Main und Donau durch eine Wasserstraße verbinden, da deren Wassersysteme nur durch eine leichte Anhöhe voneinander getrennt waren. Wegen Unwirtschaftlichkeit wurde das Projekt wieder aufgegeben. Eine Ausstellung zeigt seltene Exponate, die von der Besiedlung in der Karolingerzeit zeugen und den politischen Hintergrund des Kanalbaus beleuchten.

An der sogenannten ***„Treuchtlinger Pforte“*** erreicht die bis dahin in einem breiten Tal als Wiesenfluss dahinströmende Altmühl das ***Fränkische Jura*** und fortan säumen beeindruckende Felsformationen das enger werdende Tal. Hinter Treuchtlingen ist die Altmühl 15 bis 20 Meter breit und schiebt sich mit behäbiger Strömung durch ein idyllisch-grünes Tal. Getrübt wird die Paddelfreude nur, wenn ein Auto oder Zug direkt am Ufer vorbeifährt.

km 95,5

Dietfurt i.MFr. (Dietfurt in Mittelfranken) – der heute etwa 430 Einwohner zählende Ortsteil von Treuchtlingen entstand an einem Altmühlübergang, den schon die Römer nutzten und der als „via publica“ allen Bürgern zur Verfügung stand,

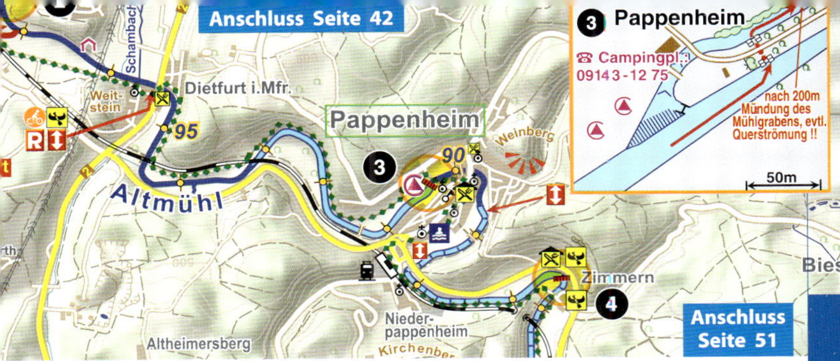

woraus sich der Ortsname als „Siedlung an der allgemeinen Furt" ableiten lässt. Der ***Ausstieg*** befindet sich rechts vor der Straßenbrücke.

Restaurant Enten Stub'n
(09142) 67 07

Nach der Eisenbahnbrücke verläuft die Straße direkt hinter den Bäumen am rechten Ufer. Nach links ist der Blick offener und reicht bis zum ***Galgenberg*** (499 m) der das weite Tal am Horizont begrenzt.

SAN-aktiv-TOURS
(09831) 49 36

km 93,1

Hinter der zweiten Eisenbahnbrücke wird es dann wieder ruhiger. Die einzigen Begleiter am Ufer sind nun die Pedalritter auf dem ***Altmühltal-Radweg*** und der Fluss wird etwas breiter. Die ohnehin kaum vorhandene Strömung schläft komplett ein, das ist das sichere Zeichen für das Wehr in Pappenheim.

km 91,2

km 90,3

Voraus thront auf dem Bergsporn hoch über dem rechten Ufer die mächtige ***Burg Pappenheim*** und bald ziehen am linken Ufer die ersten Wohnwagen des *Naturcamping Pappenheim* vorbei. Am Campingplatz und dem *Wehr* **Pappenheim** vorbei, liegt links der ***Ausstieg*** zur ***„Paddlerwiese" des Campingplatzes***. Man legt an Treppenstufen an und trägt die Boote vom Kraftwerkskanal kurz über die Insel und den darauf verlaufenden Radweg ins Unterwasser in den ***Wehrkanal*** *(Einsetzstelle zur Zeit provisorisch)*, auf dem die Fahrt fortgesetzt wird.

3 Wehr Pappenheim
umtragen links

Naturcamping Pappenheim
(09143) 12 75

Vor der Weiterfahrt sind es nur ein paar Schritte bis in die historische Altstadt von **Pappenheim**. Einen Aufenthalt ist auch das solarbeheizte *Freibad* wert.

Freibad
Mai, Jun 10-20
Jul + Aug 9-20
Sep 13-19

Blick auf Pappenheim

Pappenheims Altstadt, die sich malerisch in eine Flussschleife der Altmühl schmiegt, hat den Lauf der Zeit inmitten der mittelalterlichen Stadtmauer nahezu unbeschadet überstanden. Trotz der überschaubaren Größe gibt es eine ganze Reihe von sehenswerten Bauwerken zu bewundern, was das Städtchen am Fuß der wehrhaften Burg den Pappenheimer Grafen verdankt, die als Reichserbmarschälle des "Heiligen Römischen Reiches Deutscher Nation" über das gesamte Mittelalter eine bedeutende Stellung innehatten. Schöne Bürgerhäuser und die beiden Schlösser bestimmen das Bild der Altstadt. Das sogenannte Alte Schloss war im 16. Jh. der erste Schlossbau der damaligen Residenzstadt und dient bis heute als Wohnsitz der Grafen-Familie. Das Neue Schloss entstand in der ersten Hälfte des 19. Jh. nach Plänen des bayerischen Hofarchitekten Leo von Klenze, der an der Stelle zweier gräflichen Stadthäuser einen Dreiflügelbau mit einer schlichten Fassade im Stil des Klassizismus errichtete.

Das älteste Bauwerk der Stadt ist die St. Gallus-Kirche, deren Gemäuer bis ins 9. Jh. zurückreichen. Sie zählt zu den ältesten Sakralbauten in Franken und erinnert an den Ursprung der Stadt, die 802 erstmals in einer Schenkungsurkunde des Schweizer Klosters St. Gallen erwähnt wird.

Hoch über der Altstadt wacht die Burg mit ihrem imposanten Bergfried. Seit 1258 ist sie die Stammburg der Grafen von Pappenheim und ein Besuch des Wahrzeichens der Stadt lohnt nicht nur wegen des phänomenalen Ausblicks, sondern auch wegen der Burgmuseen, der Folterkammer und dem botanischen Garten.

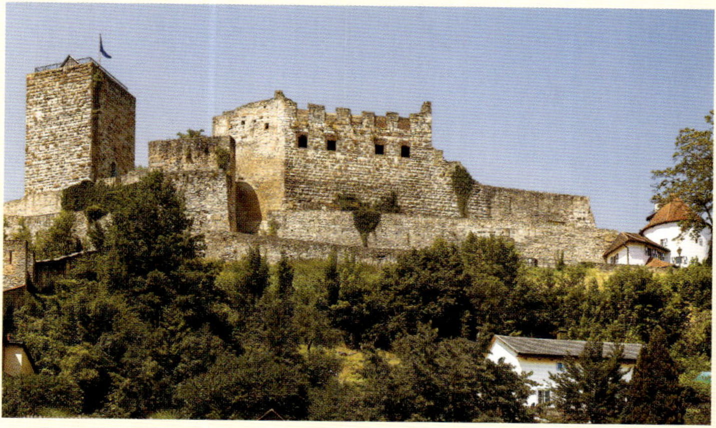

Hoch über der Altmühl thront Burg Pappenheim

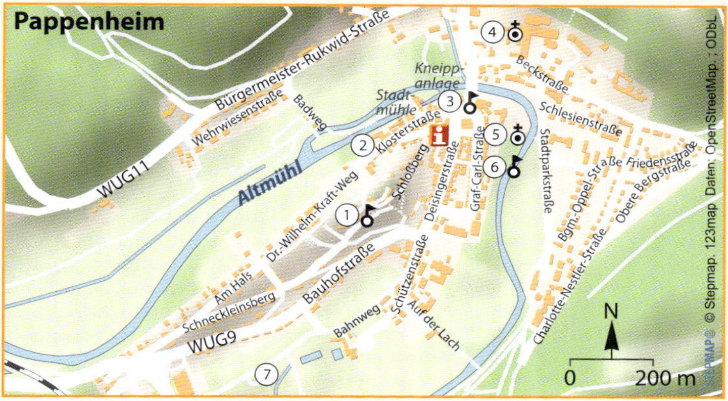

① **_Burg Pappenheim._** Zweihöfige Burganlage mit Vor- & Hauptburg auf dem Schlossberg am westlichen Rand der Altstadt. **_Botanischer Garten_** mit Arboretum, Wildstaudengarten, historischer Kräutergarten. **_Natur- & Jagdmuseum_** sowie **_Historisches Museum_**. *Tel. (09143) 83 89 10, Apr-Okt Di-So 10-17 Uhr, Eintritt 5 €, www.grafschaft-pappenheim.de*

② **_Ehemaliges Augustinerkloster._** 1372 von Marschall Heinrich und seiner Frau Elsbeth gegründet, da sich die Kirche in Privatbesitz befindet, ist eine Besichtigung nur im Rahmen einer Führung möglich.

③ **_Neues Schloss._** Von 1819-1822 nach den Plänen des bayerischen Hofarchitekten Leo von Klenze errichtet.

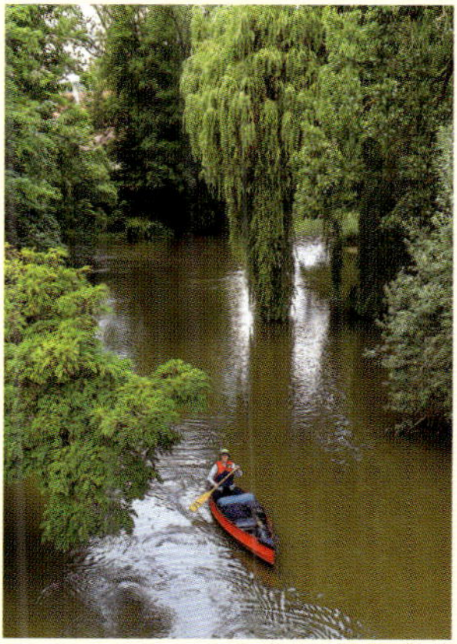

④ **_St. Gallus-Kirche._** Karolingisches Bauwerk, Ursprung im 9. Jh. – einer der ältesten Sakralbauten in Franken.

⑤ **_Ev.-luth. Stadtkirche St. Maria._** 1476 im spätgotischen Baustil vollendet.

⑥ **_Altes Schloss._** Erster Schlossbau der damaligen Residenzstadt aus dem 16. Jh.

⑦ **_1. Weidenkirche_** Bayerns. Die Naturkirche aus Bündeln von Weidenruten wurde 2007 von Jugendlichen und der Ev. Jugend gepflanzt.

Tourist-Info, Deisingerstr. 1, Tel. (09143) 606 66, www.pappenheim.de

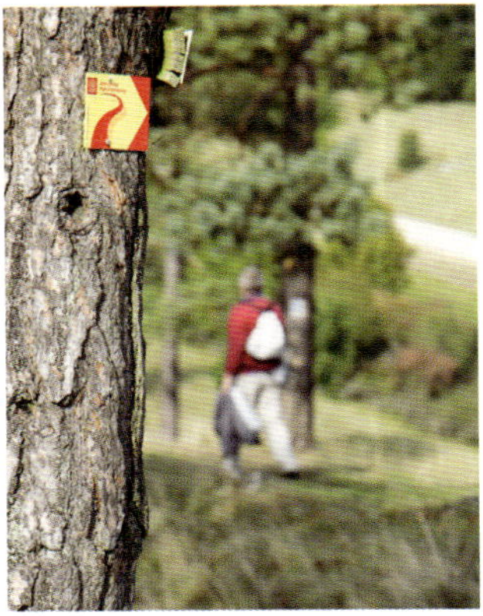

Von **Pappenheim** aus lassen sich schöne **Wanderungen**, beispielsweise auf dem ***Altmühl-Panoramaweg*** nach **Solnhofen** (5 km) und zurück mit der Bahn oder nach **Eßlingen** zu den ***„Zwölf Apostel“*** (8 km) unternehmen.

Zurück im Boot mahnt ein Schild vor der gefährlichen Querströmung des von rechts einmündenden Kraftwerkkanals, die aber wohl nur beim Betrieb des Kraftwerks auftritt. 30 Meter weiter

km 90

an der Straßenbrücke zieht am linken Ufer die hübsche ***Kneipp-Anlage*** *(Anlegemöglichkeit)* vorüber.

km 89,4

Zum Abschied grüßt vom rechten Ufer ***Burg Pappenheim,*** linker Hand passieren wir eine ***Bootstreppe*** zum Ein- und Aussetzen. Nun wird es wieder einsam auf der Altmühl. Am ***Zimmerner Hang*** zur Linken erstreckt sich eine der wenigen verbliebenen sonnigen ***Wacholderheiden***.

km 86,5

Wehr 4
Zimmern
umtragen rechts

Gasthof Zum Hollerstein
(09143) 753

Bootsverleih Zur Zimmerer Mühle
(09143) 432

Bootsverleih Altmühl
(09143) 83 78 34
0171-527 12 51

Nächstes Hindernis ist das ***Wehr*** in **Zimmern**. Zuvor lockt auf der linken Flussseite täglich außer mittwochs der ***Gasthof „Zum Hollerstein“*** mit gutbürgerlicher Küche und einem schattigen Biergarten *(auch Übernachtung und Kanuvermietung)*. Gegenüber befindet sich der Anleger für die Portage und die Boote müssen etwa 150 Meter über die Wiese getragen werden. Gleich darauf liegt am linken Ufer der ***Bootsverleih „Zur Zimmerer Mühle“***. Im Ort, jedoch nicht direkt am Wasser, kann man beim ***Kanuvermieter Popp „Bootsverleih Altmühl“*** Kanus mieten.

Die Hänge rücken etwas näher an die Altmühl und bald sind die ersten Häuser von **Solnhofen** erreicht.

km 82,6

An der ***Fußgängerbrücke*** kann rechts anlegen, wer zu dem 150 m entfernten, unter einer alten Linde

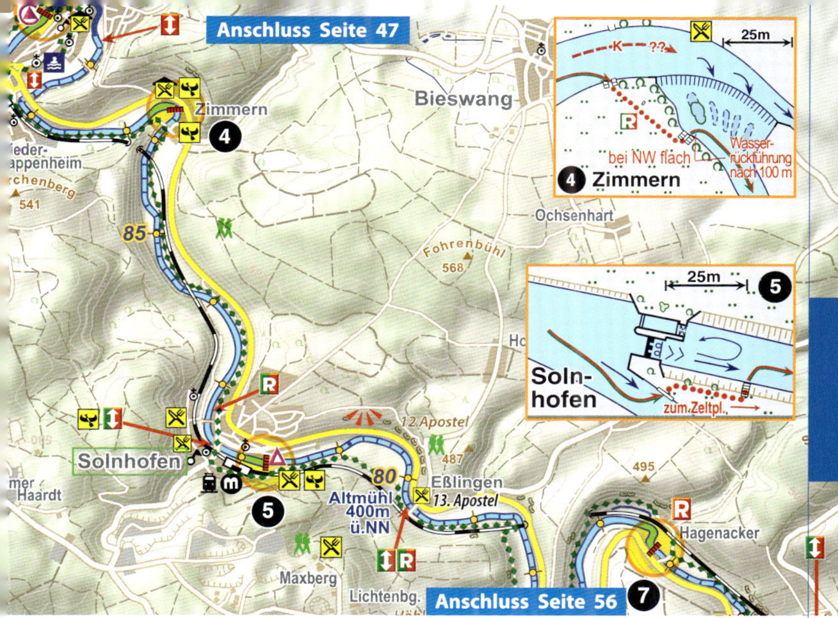

gelegenen, urgemütlichen Biergarten des *Gasthauses Alte Schule* gehen möchte. Ebenfalls in dem Haus untergebracht ist der Förderverein für Kleinkunst. Auf der *Theaterbühne* werden am Wochenende oft ***Kabarett, Musik, Theater oder Autorenlesungen*** geboten, danach geht es in die Kneipe, wo preiswerte hausgemachte Gerichte, vegetarische Speisen und fränkische Brotzeiten auf der Speisekarte stehen.

Theater-Gasthaus Alte Schule
(09145) 64 22

km 82,3

Der ***Anleger*** für einen Ausflug in das kleine Örtchen **Solnhofen** ist vor der folgenden Straßenbrücke am rechten Ufer erreicht, dieser ist ein Privatsteg des *Bootsverleih Kanuuh.*

Kanuvermieter Kanuuh.de
(08421) 21 10

In **Solnhofen** steht der Tourismus ganz unter dem Motto „Die Welt in Stein". Der in der Region abgebaute ***Solnhofener Plattenkalk*** wird seit Jahrhunderten als Boden- und Treppenbelag geschätzt und eignet sich außerdem durch seine strukturierte Oberfläche besonders gut für die Lithographie.

Dieses gegen Ende des 18. Jh. entwickelte Flachdruckverfahren, bei dem Kalkschiefer als Druckplatte zum Einsatz kommt, ist der Urahn der heute gängigen Offset-Drucktechniken.

Der Steindruck brachte Solnhofen zusätzlich archäologischen Weltruhm ein, denn im Jahr 1860 findet Hermann von Meyer in den Solnhofener Plattenkalken eine versteinerte Feder und prägt für den dazugehörenden, etwa taubengroßen Urvogel den bis heute üblichen Gattungsnamen Archaeopteryx.

*Die **Entdeckung des Archaeopteryx** sorgte für einen vehementen Streit zwischen den Verfechtern der Schöpfungslehre und der nur ein Jahr zuvor aufgestellten Evolutionstheorie von Charles Darwin. Bis zur Entdeckung des Archaeopteryx war die Wissenschaft einig, dass sich die Vögel erst nach dem Verschwinden der Flugsaurier entwickelten. Der Urvogel war aber eine Übergangsform, die mit dem bezahnten Kiefer und den Schwungfedern gleichzeitig sowohl Merkmale der alten, als auch der neuen Art aufwies und damit Darwins Theorie bestätigte.*

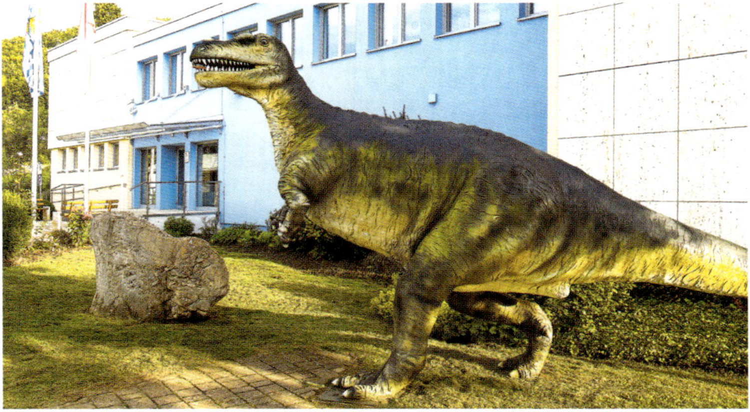

Das Bürgermeister-Müller-Museum zeigt Funde versteinerter Tiere und Pflanzen aus der Jurazeit – sogar Originale des Urvogels Archaeopteryx

Museum Solnhofen
(09145) 83 20 30
Ende Mai-Anf. Nov tgl. 9-17

Das als „Bürgermeister-Müller-Museum" bekannte *Museum Solnhofen* im Rathaus informiert über die Geschichte des Steindrucks und zeigt eine umfangreiche Fossiliensammlung mit versteinerten Tieren und Pflanzen aus der Jurazeit. Zu sehen gibt es z.B. Urvögel sowie Flug- und Fischsaurier.

Nur wenige Meter von der Altmühlbrücke entfernt, zeigt die ***Ruine der Sola-Basilika*** *anschaulich Kirchengeschichte vom 7. Jh. bis zum Abbruch der Basilika im Jahre 1783. Die Ausgrabungen förderten neben den Grundmauern die Reste von insgesamt fünf übereinanderliegenden Kirchenbauten zutage. Mit ihren Säulen aus karolingischer Zeit gehört sie zu den ältesten Baudenkmälern Deutschlands.*

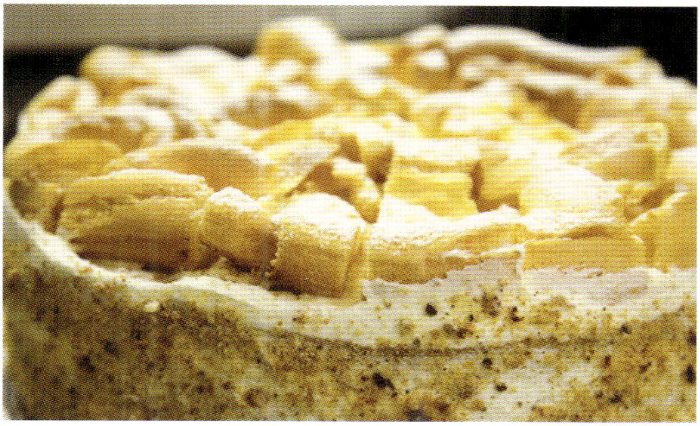

Lecker – Nicht nur Brot gibt's im Brotzeitstadel

Ein ganz besonderes „Schmankerl" kann man nebenan im *Klosterhof* ansässigen *Klosterladen* erstehen: köstliches, nach uraltem Hausrezept im Holzofen gebackenes Brot und Feingebäck. Probieren Sie mal das Solnhofener Klosterbrot oder kehren Sie im Brotzeitstadel gleich zu einer fränkischen Brotzeit oder Kaffee und köstlichem Kuchen ein!

Solnhofer Klosterladen
(09145) 232
Di, Mi, 9-17

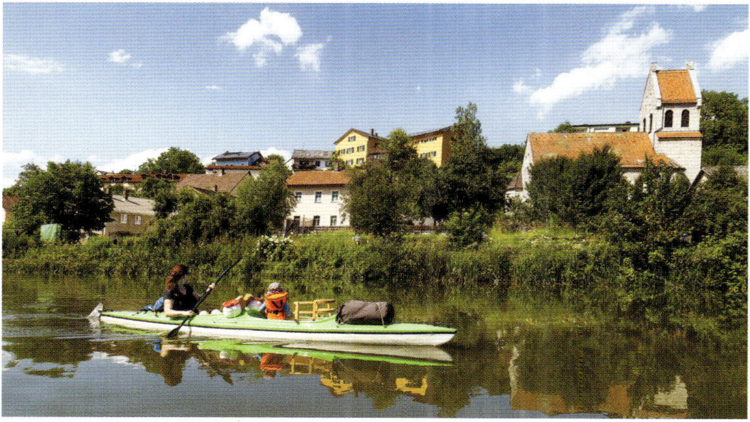

Das hübsche Solnhofen ist ein Eldorado für Wanderer und Fossilien-Sammler

km 81,8

Wehr 5 Solnhofen
umtragen rechts

Am Ortsende rauscht das Wasser der Altmühl über das *Wehr Solnhofen.* Man paddelt rechts daran vorbei in den Mühlkanal, setzt dort gleich am linken Ufer aus und trägt die Boote kurz über die Wehrinsel nach links in den unteren Flusslauf um.

Kanuzentrum AktivMühle
(09145) 83 68 18

Auf der Insel laden der ***Zeltplatz des Kanuzentrums AktivMühle*** mit ***Kanuvermietung*** zur Übernachtung ein und am Ende der Insel sorgt das ***Gasthaus „Zum Mühlenwirt“*** für das leibliche Wohl.

Wer hier sein Zelt aufstellt, kann im ***„Natur-Stein-Wander-Paradies-Solnhofen“*** einige schöne, zwischen 6 und 9 Kilometer lange **Wanderungen** unternehmen. Beispielsweise zur ***Felsengruppe „12 Apostel“*** oder zum ***Besuchersteinbruch Mühlheim*** (südwestlich von **Mörnsheim/Mühlheim**) oder ins ***Solnhofener Steinbruchgebiet***.

Auf dem 7 km langen ***Steinbruch-Panorama-Rundweg Nr. 4*** passiert man auf dem ***Maxberg*** das Betriebsgelände „Solnhofer Aktienverein“. Hier lädt die ***Gaststätte „Schnorgackl“*** (Tel. 0160-99 57 94 38) zu teils außergewöhnlichen und deftigen Gerichten ein. Nach dem Essen kann man sich als Fossilien-Sammler im Hobby-Steinbruch versuchen.

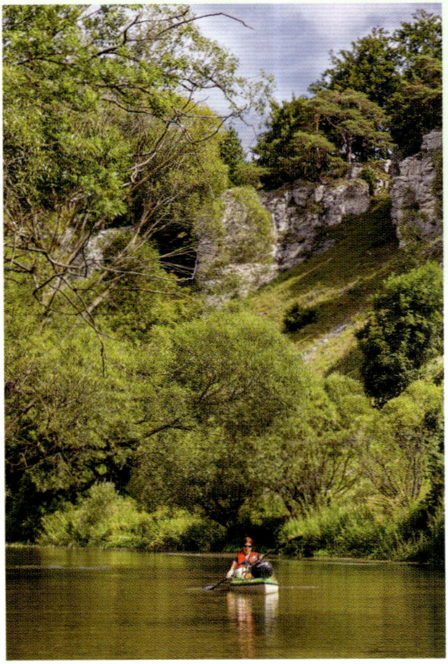

12-Apostel-Felsen hinter Solnhofen

Im nächsten großen Altmühlbogen ragen zur Linken die ***„Zwölf Apostel“*** in den Himmel.

Die beeindruckende, aus dolomitischem Schwammkalk bestehende Felsformation sind Reste eines Riffgürtels aus dem tropischen Meer der Jurazeit. Im Laufe der Jahrtausende haben Wind, Sonne, Regen und Eis die frei stehenden Felsen aus

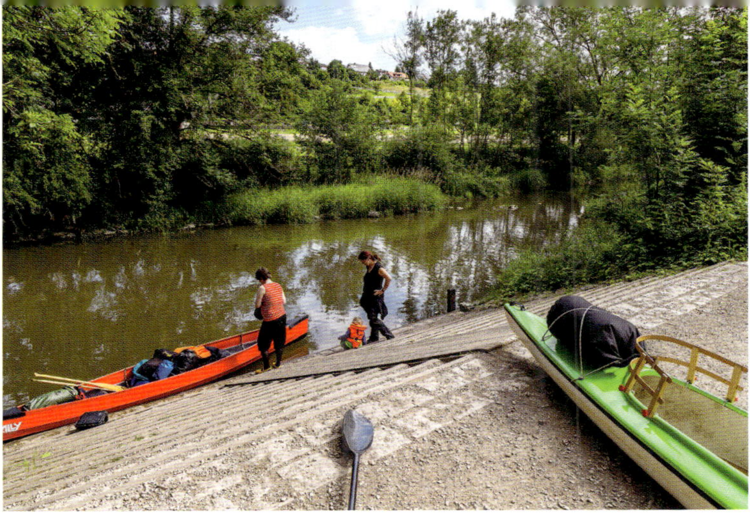

Wie hier am Solnhofener Wehr gibt es entlang der Altmühl oft großzügig angelegte Ein- und Ausstiegsstellen

Schwamm-Algen-Kalken modelliert. Zwischen ihnen dehnen sich lichte Wacholder-Kiefernwälder und Kalkmagerrasen aus.

km 81

Beginn der „Zwölf Apostel"

Hinter den „Zwölf Aposteln" folgt rechts vor der Fußgängerbrücke ein ***Rastplatz***. Über die Brücke geht es nach **Eßlingen** zum ***Gasthaus 13. Apostel*** *(Mo Ruhetag)* mit seinem kleinen Biergarten.

Schon auf das Jahr 1774 lässt sich die Geschichte der „Schenkwirtschaft Glöckel-Näpflein" zurückverfolgen. Die seit 1974 leer stehende und dem Verfall preisgegebene Gastwirtschaft wurde von den neuen Eigentümern 2004 mit viel Liebe zum Detail restauriert, wofür sie mit dem Denkmalpreis der Regierung Mittelfranken ausgezeichnet wurden.

km 79,8

Gasthaus 13. Apostel
(09145) 83 67 60
0171-468 31 38
Di-Fr 10.30-18/19
Sa+So 10-18.30/19

Im steilen rechten Flussufer vor der Straßenbrücke in **Altendorf** ***(Bootstreppe)*** versteckt sich die ***Höhle „Steinerner Rosenkranz"***, *die schon in der Altsteinzeit vor. ca. 70.000 Jahren durch den Menschen genutzt wurde. Den Namen erhielt sie wohl durch Tropfsteine in einer Nebenkammer. Die Höhle liegt in*

km 76,6

Höhle „Steinerner Rosenkranz"

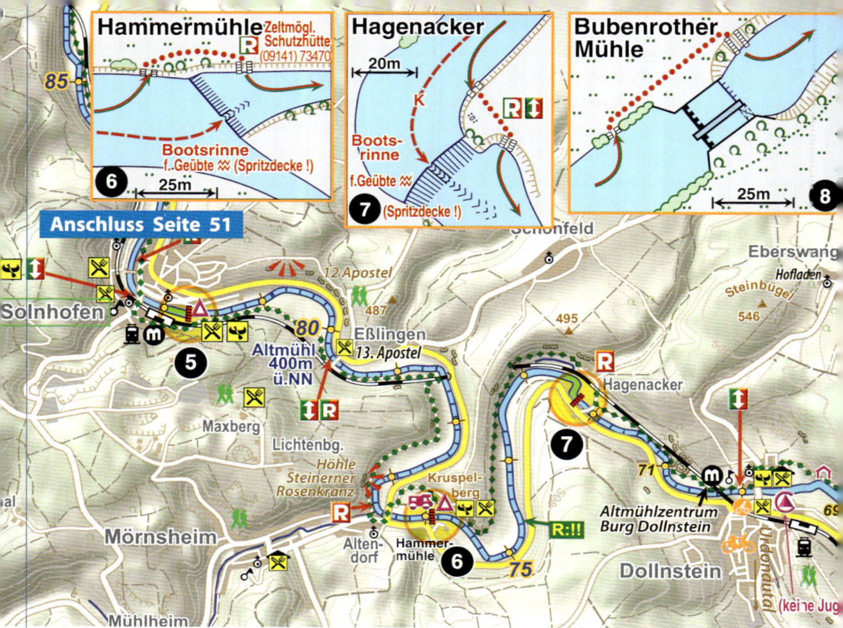

einer Felspartie am nördlichen Hang des Gailachtals gegenüber der Kohlmühle. Oberhalb befindet sich ein Aussichtspunkt mit Picknicktisch und tollem Blick.

Vom östlichen Ortsrand **Mörnsheims** geht man am Sportplatz links den Fußweg bergan *(Naturerlebnispfad „Schäfchenweg")*. Von oben führt ein Pfad zur etwas unterhalb gelegenen Höhle. Infos gibt es auf einer Infotafel am Höhleneingang.

Heimatmuseum
(09145) 831 50
Mo-Fr 8-12
Mi zusätzl. 14-18

Gasthof Zum Brunnen
(09145) 71 27
Mi Ruhetag

Die gefundenen Exponate sind im *Heimatmuseum* im ***Kastenhof*** in **Mörnsheim** zu bewundern. Jedes 3. Mai-Wochenende findet hier der ***„Altmühltaler Lamm"-Auftrieb*** sowie der ***Schäfer- & Handwerkermarkt*** mit regionalen Spezialitäten statt. 1.000 Schafe, Lämmer und Ziegen zwängen sich durch das historische Markttor – ein tierisches Spektakel.

Außerdem lohnt die am südlichen Hang des Gailachtals malerisch gelegene ***Wallfahrtskirche „Maria End"*** mit dem um 1680 entstandenen kostbaren Gnadenaltar.

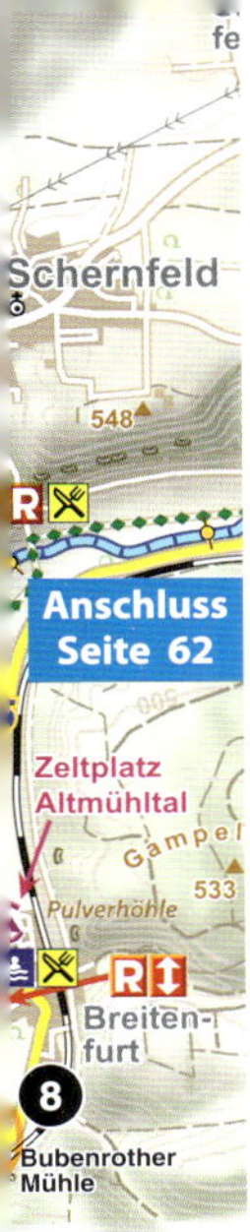

Nächste Station ist das *Wehr* an der *Hammermühle*. Der ***Ausstieg*** für die ***Portage*** bzw. zum Anlanden am komfortablen *Zeltplatz* **Hammermühle** oder dem *Biergarten* ist am linken Ufer zu finden. Das Wehr kann auch über die ***Bootsrutsche***, die sich etwas rechts von der Flussmitte befindet, befahren werden. Sie ist von oben allerdings schwer auszumachen, da die Einfahrt nicht markiert ist.

km 76

6 Wehr
Hammermühle
Bootsrutsche od. umtragen links

Zeltplatz Hammermühle
(09141) 734 70

Bootsverleih Frankenboot
(09142) 46 45

Wer hier übernachtet, sollte den Stopp zu Ausflügen in die nahe Umgebung nutzen, etwa ins *Gailachtal* mit seinen artenreichen Trockenrasen. Auf dem Rückweg lohnt eine Einkehr im *Gasthof „Zum Brunnen“* *(siehe Seite 56)* in **Mörnsheim** mit seiner wirklich guten Küche.

km 72,2

R

Der blanke Felshang an dem die Eisenbahngleise wieder direkt ans linke Altmühlufer treten, kündigt das siebte *Wehr* in **Hagenacker** an. Wie sein Vorgänger, kann das Natursteinwehr mittig über eine spritzige ***Bootsrutsche*** befahren ***oder links umtragen*** werden.

7 Wehr
Hagenacker
Bootsrutsche od. umtragen links

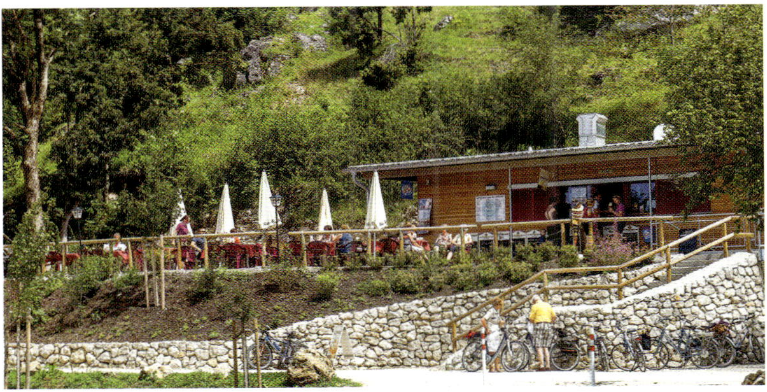

Beliebt bei Paddlern, Wanderern, Radlern und Wohnmobilisten: Der Biergarten an der Hammermühle

km 70

Gasthof Zur Post
(08422) 15 15

Campingplatz Dollnstein
(08422) 846

Bootsverleih Gegg
(08422) 691

auch e-Bike

Fahrradparadies Rehm
(08422) 98 77 52
Mi geschlossen

Altmühlzentrum Burg Dollnstein
(08422) 987 98 10
Ostern-Okt
Di-So 9.30-17.30

Nachdem die Eisenbahn einmal mehr die Altmühl gekreuzt hat, ist es nicht mehr weit bis **Dollnstein**. Die Bootstreppe ist am linken Ufer vor der Straßenbrücke zu finden, hier gibt es die Möglichkeit im ***Gasthof Zur Post*** zu übernachten. Der Anleger des ***Campingplatzes*** *(auch Campingfässer)* befindet sich ein Stück rechts hinter der Brücke.

Als „Tollunstein" betritt Dollnstein die Bühne der Geschichte erstmals im Jahre 1007. Von der einstigen Burg aus dem 12. Jh. auf einer langgestreckten Felsbank in der Ortsmitte ist kaum etwas geblieben, da die verfallene Ruine zu Beginn des 19. Jh. als Steinbruch ausgebeutet wurde. Erhalten geblieben sind die Ringmauer, die die gesamte Altstadt umschließt sowie das nördliche Stadttor.

Das in einem restaurierten Wirtschaftsgebäude der Burg untergebrachte ***Altmühlzentrum*** *informiert in vorbildlicher Weise über die Kulturgeschichte des Altmühltals, über Burgen des Tals und die Geschichte der Burg Dollnstein. Die bei archäologischen Grabungen entdeckte Unterbodenluftheizung aus dem 13. Jh. und der 2007 gefundene sensationelle Schatz aus dem 14. Jh. geben spannende Einblicke in die Geschichte des Ortes und der Burg.*

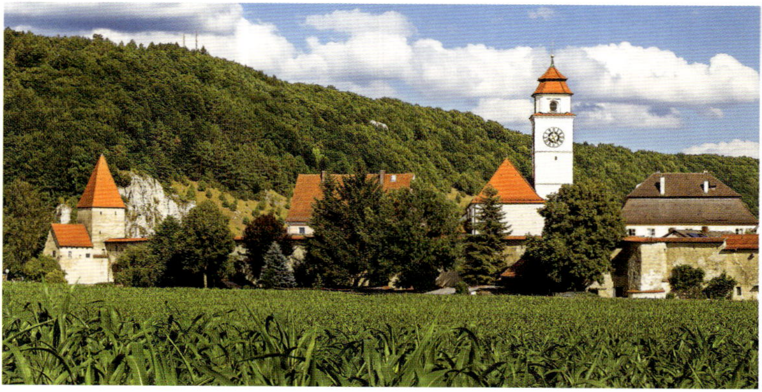

Mittelalterliche Ortsbefestigung Dollnstein: Ringmauer mit Petersturm, Kastenhof, Pfarrkirche

Die Gegend um Dollnstein ist ein *Wandereldorado*. Entlang der Altmühl Richtung Mörnsheim / Solnhofen oder nach Osten Richtung Eichstätt sowie auf dem *Geoweg Urdonautal* bis **Ried** oder weiter nach **Konstein / Wellheim** ***(mittelalterliche Burgruine)***.

Geoweg Urdonautal, *20 km, festes Schuhwerk*

Wacholderheiden, artenreiche Biotope, tropische Fossilien, steile Hänge, gigantische Felswände – beeindruckend, was die Natur auf der Route zu bieten hat. Markante Höhepunkte sind der 70 Meter hohe ***Dohlenfelsen*** oder die alpin anmutenden Felswände im **Naturwaldreservat Beixenhard**.

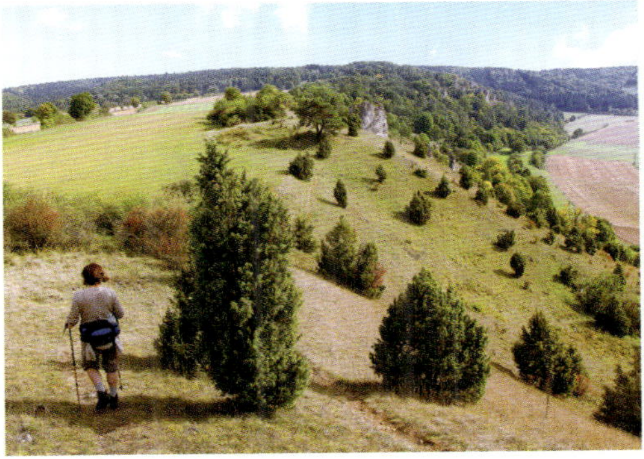

Auf dem Geoweg Urdonautal durch die Wacholderheide

Von **Dollstein** über den mit Magerrasen bewachsenen *Galgenacker* gelangt man entlang sanft geschwungener Wacholderheiden und durch lichten Wald in das Klettergebiet um **Konstein**. Zurück geht es über **Ried** (*Einkehr Brotzeitstation „Schmutter"*) zum gegenüberliegenden ***Beixenhart*** mit mehreren Felsgruppen, das auf dem fast alpinen ***Klettersteig „Jägersteig"*** zurück nach **Dollnstein** durchwandert werden kann.

Wie durch ein Fenster schaut man in die Entstehungsgeschichte des in Urzeiten durch gewaltige Flüsse geprägte Trockental. Mehr als zwei Millionen Jahre floss die Ur-Donau von Rennertshofen nach Norden und über das heutige Altmühltal weiter nach Kelheim. Vor etwa 70.000 Jahren suchte sich die Donau den neuen, kürzeren Weg durch die Weltenburger Enge, den sie bis heute nimmt und das Wellheimer Tal fiel trocken. Tropische Fossilien und Riffe, hoch aufragende Felspartien und Prallhänge fügen sich auf der rund 20 Kilometer langen Wanderung zu einem Geo-Puzzle zusammen.

Auf einer 62 Kilometer langen *Radtour* kann man diese faszinierende Gegend ebenfalls erkunden. Es geht von **Dollnstein** über **Wellheim – Nassenfels – Pfünz – Eichstätt** zurück nach **Dollnstein**.

Wieder zurück auf dem Wasser weitet sich das Tal hinter Dollnstein und führt in einem weiten Bogen um den markanten ***Burgsteinfelsen***. Er ist der Überrest einer Kalkplattform, die zur Zeit des Oberen Jura aus dem subtropischen Flachmeer abgelagert und dann von der Urdonau und Altmühl herausgearbeitet wurde. Das 45 Meter hohe Massiv ist bei Sportkletterern sehr beliebt und bietet 30 verschiedene Routen in den Schwierigkeitsgraden IV bis IX.

km 67,3

Wehr Bubenrother Mühle 8
umtragen links

Hinter dem Sägewerk versperrt am rechten Ufer die *Stauanlage Bubenrother Mühle* die Weiterfahrt. Für die ***Portage*** legt man ein paar Meter vor dem Wehr am linken Ufer an und zieht die Boote über die Wiese.

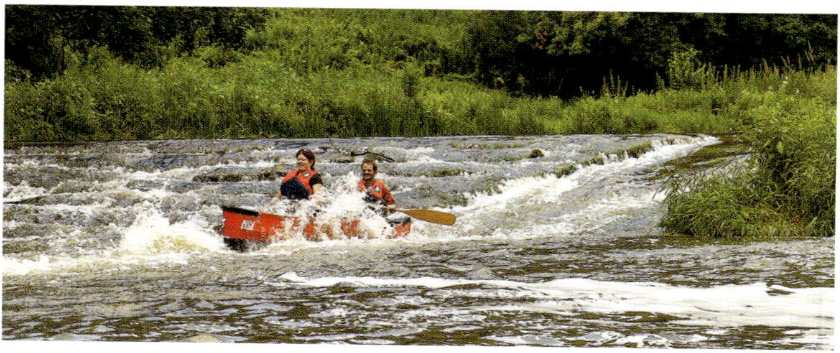

Die Bootsrutschen machen einen Riesenspaß – nass wird man allerdings auch

km 66,5

Nach dem Wehr sind es nur noch wenige Paddelschläge bis zur Straßenbrücke in **Breitenfurt**, hinter der am rechten Ufer der ***öffentliche Anleger*** zu finden ist.

Freibad Breitenfurt
ca. Jun-Sep 10-19

Zeltplatz Altmühltal
(08422) 567

Gleich dahinter zieht rechts das beheizte ***Freibad*** *(Kiosk-Biergarten)* vorüber und ein kleines Stück weiter ist der kleine, familiär geführte ***Zeltplatz Altmühltal*** *(auch Fahrradvermietung)* erreicht. Ein Standort für Sportkletterer mit Ziel ***Burgsteinfelsen*** oder für einen Besuch der nahen ***Pulverhöhle***. Sie liegt am Westhang des Gampelbergs und diente früher als Sprengstofflager. Archäologische

Untersuchungen förderten aus der begehbaren, teils dreieinhalb Meter hohen Höhle über 10.000 Knochen und Steingeräte hervor, darunter Steinzeitwerkzeuge und Funde aus der Zeit des Neandertalers.

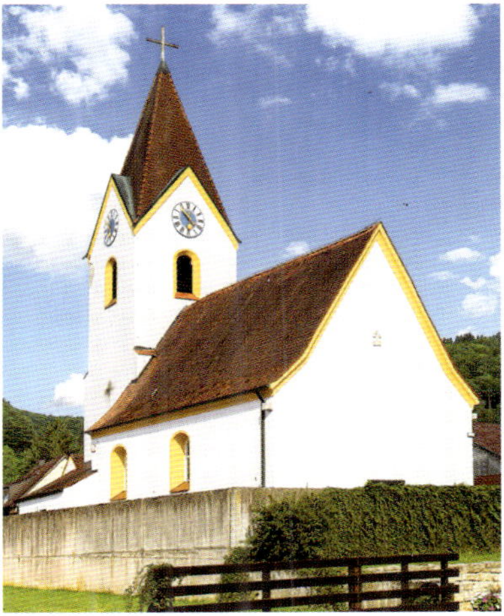

Die Breitenfurter Kirche St. Ulrich (12. Jh.)

In der nächsten Kurve fließt die Altmühl vorbei an schön anzuschauenden, weit überhängenden Felsen. Während der flutende Hahnenfuß im Flusslauf wuchert, rücken die Hänge mit ihren imposanten Felsformationen und sonnigen Wacholderheiden dichter ans Ufer.

km 63,9

Schäferwagen an der Bruck
01512-620 47 58
Sa,So,Fei ca. 10-21

Hinter der nächsten Straßenbrücke bietet ein ***Rastplatz mit Sitzbänken*** und ***Dixi-Toilette*** die Möglichkeit zu einer Pause. Direkt nebenan serviert im Sommer bei schönem Wetter der *Schäferwagen „Mein Platz an der Bruck“* leckere Brotzeiten (z.B. Schäferwagen-Burger) und hausgemachte Kuchen unter schattigen Bäumen.

km 61,5

Durch den Ort **Obereichstätt** fließt in zwei Armen der Hüttenbach, dessen Wasser eine ***Wassertretanlage*** speist. *Um 1700 trieb er gleich drei Mühlen an und ein Hochofen wurde in Betrieb genommen, der die bis ins 19. Jahrhundert hinein einzige frühindustrielle Fabrikation im Fürstentum Eichstätt begründete. Wahrscheinlich war die ergiebige Karstquelle des Hüttenbachs die Voraussetzung für den Bau des Hüttenwerkes. Von kunsthandwerklicher Qualität waren die seit der Barockzeit gefertigten gusseisernen Erzeugnisse wie Putten, Wappentafeln, Weg- und Grabkreuze sowie Ofen- und Kaminplatten.*

Heute gibt es nur noch wenige Spuren dieser Zeit im etwas verschlafenen Ort zu finden. Ein gusseisernes

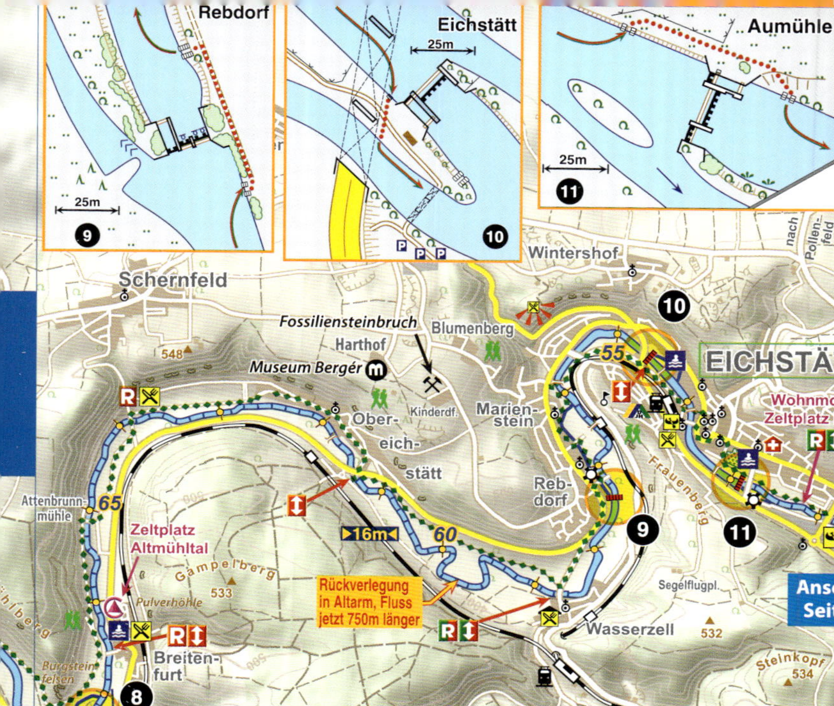

Anschluss Seite 57

Kreuz vom Ende des 19. Jahrhunderts ist an der Aussenseite der Kirche angebracht und der Guss eines Hirschkopfes findet sich am ehemaligen Jagdschloss der Eichstätter Fürstbischöfe bei Beilngries.

Oberhalb von Obereichstätt verläuft ein ***Naturlehrpfad (9 km, Dauer ca. 4 Stunden)***, der anhand von 15 Tafeln über die Geologie, den Fossilienreichtum, die Flora und Fauna und die Landschaftsgeschichte der Gegend informiert. Unterwegs lädt die mit 36,4 Metern und aus dem Stamm einer 100-jährigen Douglasie gesägte ***längste Bank Deutschlands*** zu einer Verschnaufpause ein.

km 60 Hier wurde der Durchstich der Altmühl mit einem ***Damm*** verschlossen, um die ursprüngliche Flussschlinge wieder aufzustauen. Vor dem Damm paddelt man nach rechts und erreicht nach gut einem Kilometer die Rückseite des Dammes.

Vor der Straßenbrücke in **Wasserzell** liegt am rechten Ufer ein schöner ***Rastplatz***. Wer keinen eigenen Proviant an Bord hat oder im Bett übernachten möchte, erreicht nach ein paar Schritten in den Ort den *Landgasthof Hirschenwirt* (eigene Metzgerei) mit einem Biergarten. Die von 1464-1496 erbaute spätgotische ***Filialkirche zu Maria*** ist den 14 heiligen Nothelfern geweiht und ist mit ihrer prächtigen Innenausstattung sehenswert.

km 58,8

Landgasthof Hirschenwirt
(08421) 96 80

Das *Wehr* in **Rebdorf** muss etwa 100 Meter über den Feldweg am rechten Ufer *umtragen* werden.

km 56,3

9 Wehr
Rebdorf
umtragen rechts

Am Ufer des linken Wehrarms liegt das ***ehemalige Augustinerkloster*** in dem heute ein Internat untergebracht ist. *Die romanische Pfeilerbasilika entstand in der zweiten Hälfte des 12. Jh, die Doppeltürme kamen in der ersten Hälfte des 13. Jh. dazu. Von den mittelalterlichen Klostergebäuden ist der alte Konventbau mit einem spätgotischen Kreuzgang (15. Jh.) und dreischiffigen, gotischen Saal erhalten. Den barocken Glanz erhielt das Bauwerk in der ersten Hälfte*

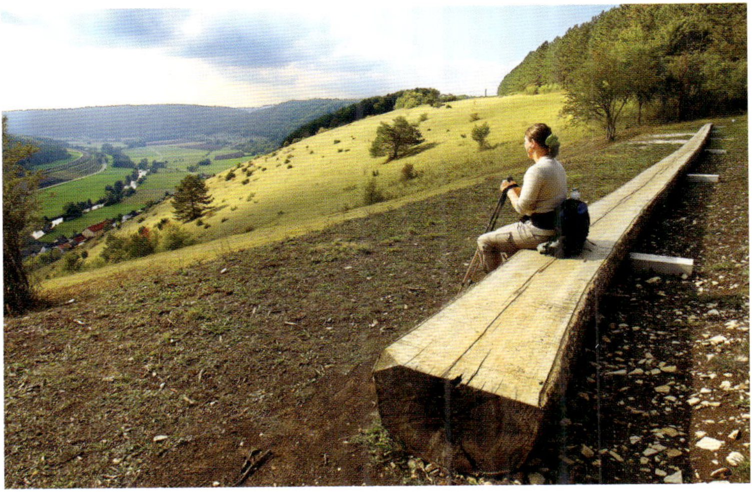

Verschnaufpause auf der längsten Bank Deutschlands hoch oben über dem Altmühltal

des 18. Jh., als östlich der Kirche der über 180 Meter lange Konventbau nach den Plänen des Eichstätter Hofbaudirektors Gabriel de Gabrieli errichtet wurde. Weltweit berühmt war Rebdorf für seine Klosterbibliothek. Sie galt als eine der bedeutendsten geistlichen Bibliotheken in Deutschland und ihre Sammlung umfasste bis zu ihrem Ende 1806 rund 30.000 Bände und eine Gutenberg-Bibel. Einige Bücher befinden sich in der Eichstätter Universitätsbibliothek.

Voraus erhebt sich die ***Willibaldsburg*** hoch über das rechte Ufer und kündigt das Etappenziel **Eichstätt** an. Unterhalb der Burg führt die Altmühl direkt am Betriebsgelände der ***Hofmühlbrauerei*** vorbei und beschreibt dann einen weiten Rechtsbogen.

km 54,6

Wehr Eichstätt (10)
umtragen rechts

Freibad Inselbad
(08421) 60 05 82

Kanuuh.de
(08421) 21 10

Kanuvermietung Bacherle
0172-243 82 59

Die Bischofsstadt empfängt Paddler mit der ***Stauanlage Willibaldbrücke,*** dem *Wehr Eichstätt*, das man kurz über die Insel in den Seitenarm *umträgt*.

Vom linken Ufer schallt das Gejohle der plantschenden Kinder und Jugendlichen vom *Inselbad Eichstätt* herüber und die Stadtsilhouette mit ihren zahlreichen Kirchtürmen zieht vorüber. An der nächsten Fußgängerbrücke liegt rechts der ***Ausstieg Eichstätt-Zentrum.*** Über die Brücke geht es in die Innenstadt. In Eichstätt sind mehrere *Kanuvermieter* ansässig.

km 52,9

Wehr Aumühle (11)
umtragen links

Etwa einen Kilometer hinter der Straßenbrücke zwingt das *Wehr Aumühle*, das zweite Wehr im Eichstätter Stadtgebiet, zu einem Landgang. Es muss links *umtragen* werden.

km 52,1

Zelt & WoMo Eichstätt
(08421) 90 81 47

boote-glas
(08421) 30 55

Vor der nächsten Straßenbrücke liegt am linken Ufer der große *Zelt- und Wohnmobilstellplatz* der Stadt Eichstätt. Die Zelte können direkt auf den Terrassen am Altmühlufer aufgebaut werden, es gibt einen Sanitärcontainer mit Duschen und für das Lagerfeuer am Abend steht sogar kostenloses Feuerholz bereit. Gegenüber vermietet *boote-glas* Kanus.

Auf dem *Wanderweg am Altmühlufer* ist es nur ein kurzer Spaziergang zurück ins Stadtzentrum mit seinen zahlreichen Sehenswürdigkeiten.
Auch Eichstätt ist Schnittpunkt toller *Wanderwege*.

Fossilienpfad, *9 km, Dauer ca. 3-4 Std.*

Der *Fossilienpfad* führt entlang vieler Infotafeln zu Naturschönheiten und Steinbrüchen. ***Spannende Museen*** auf dem Weg zeigen über 140 Millionen Jahre alte Schätze aus Stein – darunter ein Abdruck des Urvogels Archaeopteryx.

Zunächst läuft man vom Zeltplatz in **Eichstätt** hinauf zur ***Willibaldsburg*** mit seinem ***Jura-Museum*** und von da zum jenseits des Tals hoch gelegenen ***Fossiliensteinbruch*** **Blumenberg**. Hier geht man, ausgestattet mit dem nötigen Werkzeug (gegen eine Gebühr können Hammer und Meißel vor Ort ausgeliehen werden), selbst auf Fossiliensuche. Ein ***Steinbruchlehrpfad*** informiert über den Steinabbau der Region.

Dann geht es weiter zum nahen ***Museum Bergér*** auf dem **Harthof**. Versteinerungen von Pflanzen und Tieren geben dort einen spannenden und informativen Einblick in die Jurazeit, eine alte Lithopresse von 1850 veranschaulicht den Steindruck, bevor uns der Weg wieder zurück nach **Eichstätt** führt.

Willibaldsburg & Jura-Museum
(08421) 60 29 80
Apr-Sep 9-18
Mo geschlossen

Steinbruch Blumenberg
0176-53 00 58 82
Di-So 10-16

Museum Bergér
(08421) 90 55 90
Mo-Fr 13.30-17
Sa+So 10-17

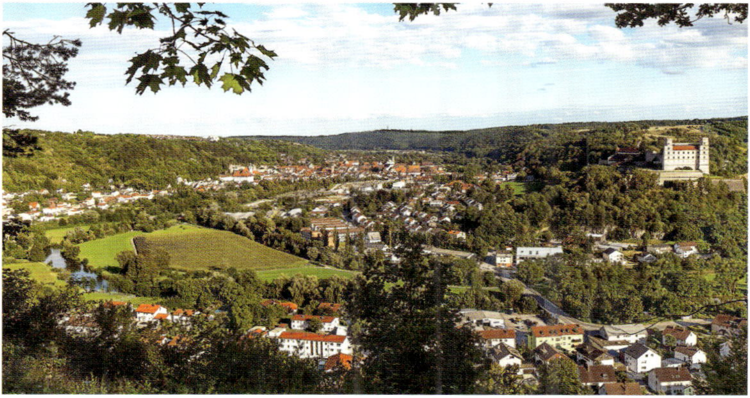

Das an Sehenswürdigkeiten reiche Eichstätt ist Hauptort des Altmühltals. Die Willibaldsburg war bis ins 18. Jh. Sitz der Eichstätter Fürstbischöfe.

Blick auf Eichstätt

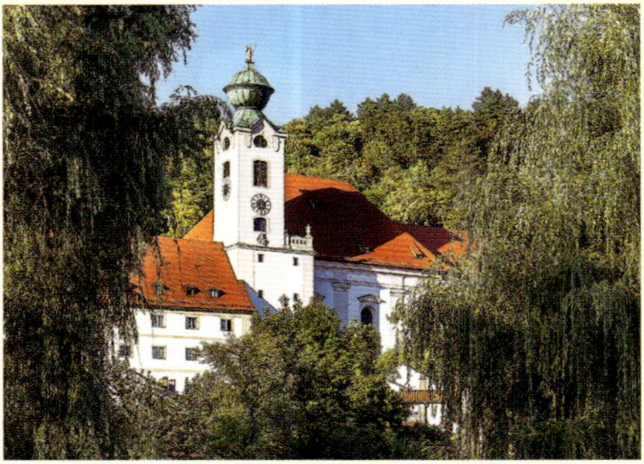

Das Kloster St. Walburg gibt es seit fast 1.000 Jahren

Eichstätt, die „Hauptstadt" des Altmühltals, empfängt seine Besucher mit malerischen, engen Gassen sowie unzähligen Kunst- und Architekturschätzen.

Das zentrale Bauwerk ist der Eichstätter Dom, der als herausragendes Beispiel katholischer Kirchenbaukunst gilt und mit Stilelementen der unterschiedlichsten Bauepochen von der Romanik über die Gotik bis hin zum Barock aufwarten kann. Barock präsentiert sich auch die übrige Altstadt, besonders auffällig wird dies am Residenzplatz aus dem 18. Jh., der sicherlich zu den prächtigsten Plätzen in Deutschland – wenn nicht sogar in Europa zählt.

Tourist-Info, Domplatz 8, Tel. (08421) 600 14 00, www.eichstaett.info

① ***Willibaldsburg.*** 1355 errichtet und bis 1725 Bischofssitz. Von der 420 Meter langen Burganlage sind Mauern und Bastionen, das Zeughaus, die 63 Meter lange Torhalle und der Gemmingenbau mit den beiden Türmen erhalten. Im Nordflügel des Gemmingenbaus befindet sich das ***Jura-Museum***, im Südflügel das ***Ur- u. Frühgeschichtliche Museum***. *Burgstr.19, Tel. (08421) 47 30, Apr-Sep Di-So 9-18, Okt-Mär Di-So 10-16.*

② ***Jura-Museum Eichstätt.*** Naturkundemuseum mit Schwerpunkt Fossilien der Solnhofer Plattenkalke, die aus den Steinbrüchen der Region stammen. *Burgstr. 19, Tel. (08421) 29 56, Apr-Sep Di-So 9-18, Okt-Mär Di-So 10-16, Eintritt ca. 5 €, www.jura-museum.de*

③ ***Museum für Ur- und Frühgeschichte.*** Ausstellung zur Entwicklungsgeschichte der Region von der Steinzeit bis zum frühen Mittelalter. *Burgstraße 19, Tel. (08421) 894 50, Apr-Sep Di-So 9-18, ca. 5 €.*

④ ***Kloster St. Walburg.*** Barocke Kirche aus dem 17. Jh., Turm von 1746 und Gruft mit den Gebeinen der Heiligen Walburga. *Walburgiberg 6, Tel. (08421) 988 70, www.abtei-st-walburg.de*

⑤ ***Marktplatz*** mit ***Willibaldsbrunnen*** (1695) und ***Rathaus*** – dreieckiger Platz, der sein klassizistisches Erscheinungsbild 1822-1824 erhielt.

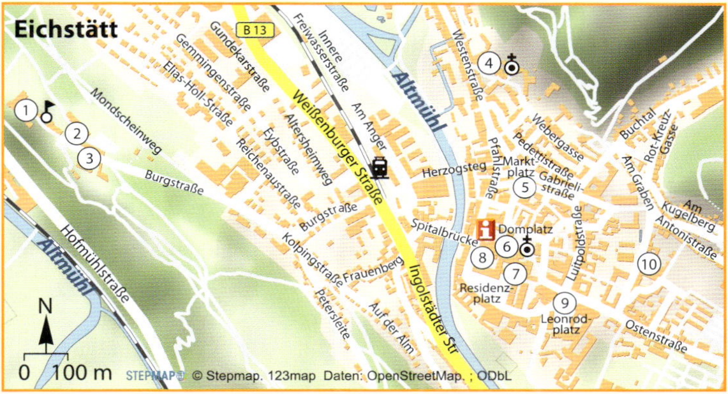

(6) ***Eichstätter Dom.*** Eines der bedeutendsten mittelalterlichen Baudenkmäler in Bayern mit dem 11 Meter hohen „Pappenheimer Altar", *Domplatz, Tel. (08421) 502 77.*

(7) ***Domschatz- und Diözesanmuseum.*** Insgesamt zwölf Räume informieren über die mehr als 1.200-jährige Geschichte des Bistums und seine Persönlichkeiten. *Residenzplatz 7, Tel. (08421) 507 42 & 502 66, geöffnet Mi-Fr 10.30-17, Sa/So 10-17.*

(8) ***Fürstbischöfliche Residenz mit Spiegelsaal.*** Die prächtige barocke Dreiflügelanlage ist das Werk der Eichstätter Hofbaudirektoren Jakob Engel, Gabriel de Gabrieli und Maurizio Pedetti. Spiegelsaal nur im Rahmen einer Führung zu besichtigen. *Residenzplatz 1, Tel. (08421) 700, Mo-Fr 8-12, Do 14-16.*

(9) ***Leonrodplatz*** mit ***Domprobstei*** (1672), ***Domdechanei*** (heute Bischöfliches Ordinariat) und ***Schutzengelkirche*** (1717-1739).

(10) ***Info-Zentrum Naturpark Altmühltal.*** Moderne, interaktive Ausstellung auf zwei Stockwerken unter dem Dach der ehemaligen Klosterkirche Notre Dame. *Notre-Dame-Weg 1, Tel. (08421) 987 60, im Sommer Mo-Fr 9-17, Sa & So 10-17.*

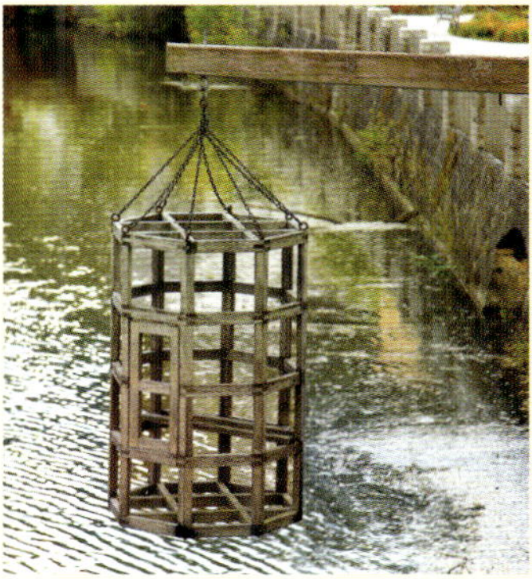

Raue Sitten: Untertauchen mit dem Bäckerschupfen. So wurden (nicht nur) Bäcker bestraft, die mit dem Gewicht ihres Brotes schummelten.

Etappe 2 – von Eichstätt bis Dietfurt a.d. Altmühl

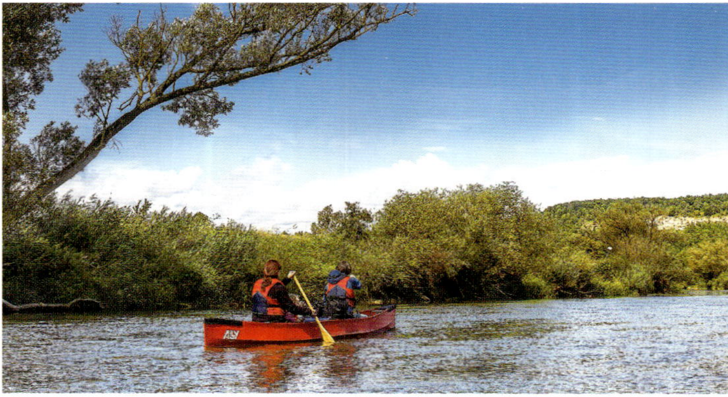

Einsetzstelle: In **Eichstätt** am Zeltplatz und Wohnmobilstellplatz, Schottenau/Schottenwiese neben Pirkheimer Straße.

Aussetzstellen: In **Töging** bei km 0,9 an der Uferwiese hinter der Holzbrücke oder im **Main-Donau-Kanal** bei Kanal-km137 unterhalb vom ***Gasthof Meier*** am rechten Ufer.

Zurück zum Pkw: Im Sommer Sa, So & Feiert. mit dem Freizeitbus 6010 von Dietfurt a.d. Altmühl in einer Stunde nach Eichstätt. Der Bus fährt von Mai bis Anfang Oktober am Wochenende 4x täglich.

Länge und Dauer der Etappe: ca. 52 km, 2-3 Tage.

3 bzw. 4 Wehre mit Umtragung: Walting, Kratzmühle, Kottingwörth sowie Töging *(wenn die Tour im Main-Donau-Kanal endet)*.

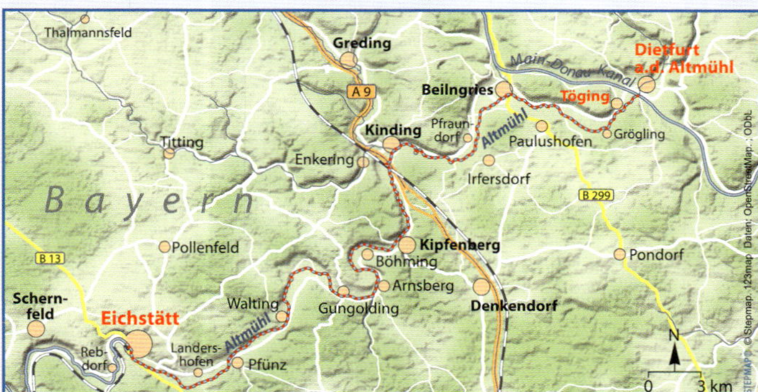

Direkt nach dem Ablegen vom Zeltplatz geht es erst unter einer Straßenbrücke und 200 Meter weiter dann unter einer Fußgängerbrücke hindurch. Am linken Ufer flitzen buntbehelmte Radler über den Radweg und auch die Altmühl überrascht mit einer recht flotten Strömung, stellenweise ist es aber sehr flach, sodass man seine Fahrlinie mit Bedacht wählen sollte, um nicht auf einer Sandbank aufzusetzen.

Am Ortsausgang von Eichstätt liegt am Hang das **Figurenfeld am Hasenberg.**

Ein Kunstwerk mit 78 überlebensgroßen Figuren des Bildhauers **Alois Wünsche-Mitterecker**.
Mahnmal für die Ewigkeit und Warnung vor dem Krieg.

km 46,3

Kurz hinter der Straßenbrücke von **Pfünz** überspannt die ***mittelalterliche Steinbogenbrücke*** den Fluss. Unter der Brücke ist es sehr flach, am besten ist die linke Durchfahrt geeignet. Anschließend lädt am linken Ufer der ***Rastplatz*** zu einer Pause ein. Eine Toilette gibt es oberhalb am Parkplatz.

Über die als eine der ***bedeutendsten historischen Steinbrücken Bayerns*** geltende und aus dem 15. Jh. stammende Brücke geht es in das ruhige **Pfünz**. *Der charakteristische Turm der im Jahre 1496-1535 erbauten* **Ortskirche St. Nikolaus** *trägt ein Satteldach*

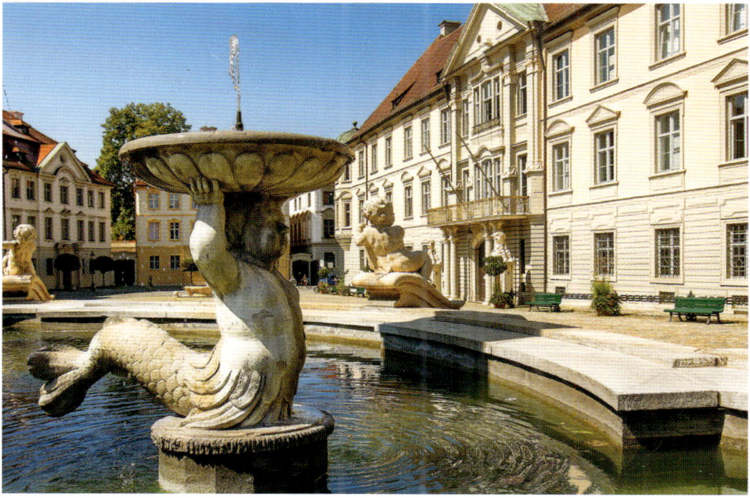

Verspielte Brunnen und Barockhäuser im Halbrund: Der Eichstätter Residenzplatz gehört zu den schönsten Platzensembles Europas

mit zwei Treppengiebeln und ist im Innern gotisch, barock und klassizistisch ausgestattet. Besonders sehenswert ist eines der wertvollsten geschnitzten Kruzifixe des Altmühltals. Die Kanzel stammt aus dem säkularisierten Kloster Notre Dame in Eichstätt. Das 1710 erbaute Fürstbischöfliche Sommerschloss wird heute als Jugendhaus benutzt.

Oberhalb des Ortes steht das rekonstruierte ***Römerkastell Vetoniana***.

i Kastell Vetoniana bei Pfünz

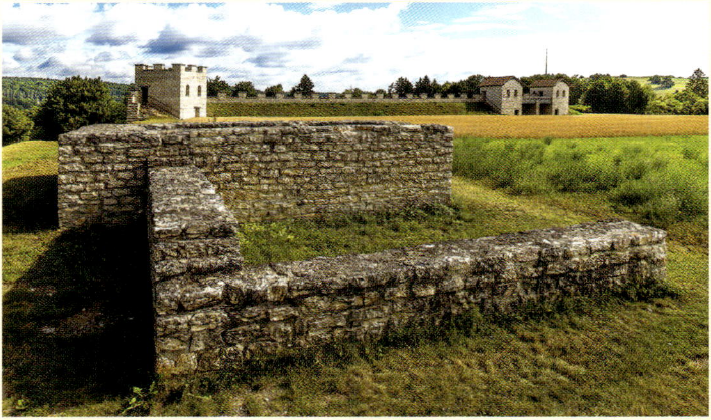

Das um 90 n. Chr. hoch über der Altmühl errichtete Kastell Vetoniana war für die Sicherung des nahegelegenen Limes verantwortlich

Bei dem kleinen Ort Pfünz thront auf einem Bergsporn 42 m über der Altmühl das rekonstruierte Römerkastell Vetoniana. Es wurde ursprünglich um 90 n.Chr. unter Kaiser Domitian zunächst aus Holz errichtet und Jahrzehnte später unter seinen Nachfolgern Antonius Pius und Marc Aurel durch Steinbauten ausgebaut, um den nahegelegen Limes zu sichern und an den Grenzen des Reichs für Ordnung zu sorgen. Einen Einblick in das Leben der römischen Soldaten gewährt die nachgebaute Wachstube im Turm, wo zwei Soldaten in Anlehnung an Originalfunde in voller Rüstung zu sehen sind. Das Kastell Vetoniana wurde Mitte des 3. Jahrhunderts, wie die meisten römischen Kastelle nördlich der Donau, durch einen Feldzug der Alemannen zerstört.

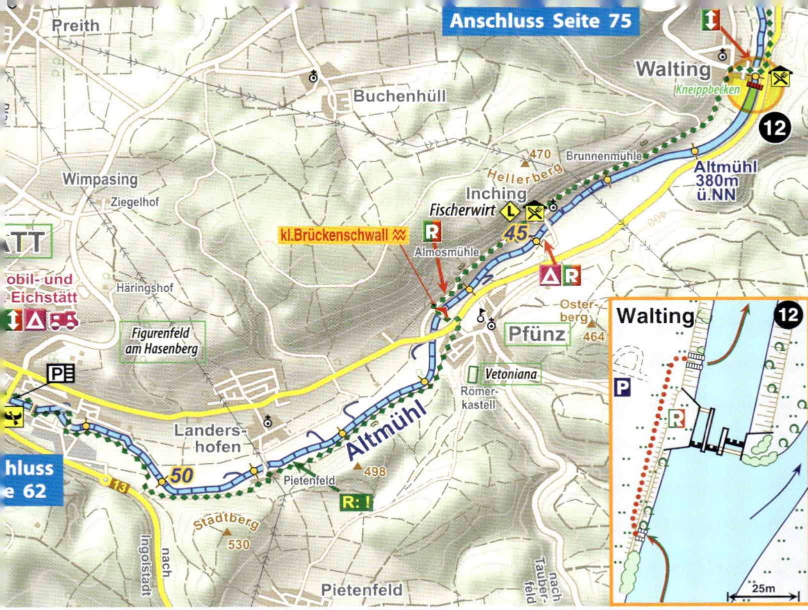

km 45

Bootsrastplatz Inching
(08421) 987 60

Gasthaus Fischerwirt
(08426) 249

Hofladen
Fr 15.30-17.30
Sa 9-11

Vor der Straßenbrücke in **Inching** liegt am rechten Ufer der ***Bootsrastplatz Inching*** *(Toilettenwagen, Feuerstelle)*. Über die Brücke geht es ins Zentrum des kleinen Örtchens und zum ***Gasthof Fischerwirt*** *(Di Ruhetag)*, wo es günstige Zimmer gibt. Im angeschlossenen ***Hofladen*** erhält man Fleisch- und Wurstwaren aus eigener Schlachtung. Die ***Kirche*** inmitten der alten Friedhofsanlage ist noch von Teilen der alten Wehrmauer umgeben und ihr Turm stammt aus dem 11. Jahrhundert.

km 42

12 Wehr
Walting links
80 m umtragen

Das ***Wehr*** in **Walting** *(Kneippbecken)* muss am linken Ufer kurz ***umtragen*** werden. Das nahe ***Gut Moierhof***, historischer Zehenthof mit renovierter Scheune aus dem 15. Jh., ist ein Schmuckstück des Altmühltals *(leider z.Zt. wegen Insolvenz geschlossen)*.

Bevor es weitergeht werfen wir noch einen Blick auf die ***Pfarrkirche St. Johannes*** mit dem ***Hochaltar aus dem 17. Jh.*** und in die ***mittelalterliche Kapelle St. Leonhard*** mit ihrem schönen Deckengemälde und dem barocken Altar.

Landgasthaus Zur Mühle
(08426) 221

Eine weitere Möglichkeit zur Einkehr bei großen und günstigen Portionen gutbürgerlicher Küche, bietet das *Landgasthaus Zur Mühle* am rechten Flussufer. Der Ausstieg findet sich gleich hinter der Brücke auf der linken Seite.

km 39

Gasthaus Bauer
(08426) 266
(Di Ruhetag)
z.Zt. aus gesundheitlichen Gründen geschlossen!!

Der ***weiße Kirchturm*** über dem linken Ufer sowie der im Volksmund ***„Hungerturm"*** genannte ***Bergfried***, der auf einer kleinen Insel im Fluss gelegenen ***Wasserburg***, kündigen **Rieshofen** schon lange im Voraus an. Eine ***Bootstreppe*** findet sich am linken Ufer vor der Straßenbrücke. Als Sitz der Dienstmannenfamilie des Hochstifts Eichstätt um 1290 entstanden, dient die frei zugängliche Ruine heute den Kanufahrern als Rastplatz.

Der Name „Hungerturm" geht auf eine historische Begebenheit zurück, die anschaulich die Ressentiments gegenüber Juden über die Jahrhunderte verdeutlicht: Wegen Hehlerei von gestohlenen silbernen Kirchenutensilien soll sich der Töginger Jude Joseph verantworten. Das Eichstätter Halsgericht verurteilt ihn deswegen 1689 zum Tode. Zur Vollstreckung des grausamen Urteils, ließ man den angeblichen Hehler im Turm innerhalb von 42 Tagen qualvoll verhungern.

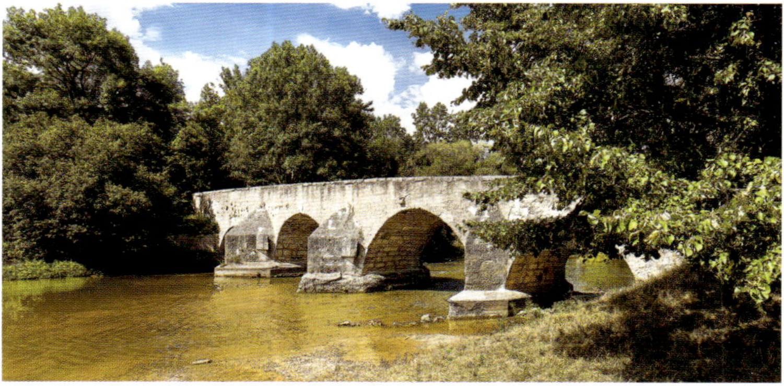

Die mittelalterliche Steinbogenbrücke bei Pfünz ist eine der bedeutendsten historischen Steinbrücken Bayerns

Kanufahrer gehen im Ort gerne zum Gasthaus Bauer mit seiner bayerischen Küche, die von regionalen Produkten bestimmt wird – Wild aus dem Rieshofener Jagdgebiet, Forellen aus Regelmannsbrunn, Enten und Gänse aus Böhming und leckere vegetarische Gerichte. Wer sich für die Weiterfahrt verproviantieren will, nutzt den Lebensmittelverkauf mit Produkten aus eigener Landwirtschaft und Schlachtung. *Aus gesundheitlichen Gründen ist das Gasthaus derzeit leider geschlossen.*

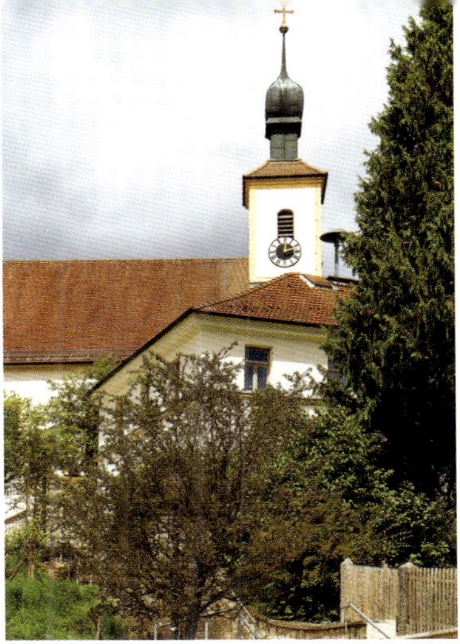

Pfarrkirche St. Johannes in Walting

km 37,5

Hinter Rieshofen erheben sich am linken Altmühlufer einige schroffe Felsen und schon ist die ***Bootstreppe*** rechts hinter der Straßenbrücke in **Pfalzpaint** erreicht. Der ***Rastplatz*** liegt am Flussufer gegenüber. *Die **Kirche St. Andreas** bildete ehemals eine befestigte Einheit mit der Burg der Herren von Pfalzpaint, von der nur der Bergfried aus dem 13. Jh. erhalten blieb. Überwiegend aus der Zeit des Barock stammt die teils wertvolle Innenausstattung, darunter eine Holzfigur aus dem frühen 16. Jahrhundert.*

Im nächsten Abschnitt begleitet die Gungoldinger Wacholderheide, eines der ältesten Naturschutzgebiete Bayerns, das linke Altmühlufer.

Als die schönste der südlichen Frankenalb entstand sie im Mittelalter durch Rodung des Waldes und Viehbeweidung und bedarf heute einer ständigen Pflege durch Schafbeweidung. Zwischen den buschförmigen Sträuchern finden sich immer wieder auch säulenförmige Wuchsformen, die durch Schlehen, Weißdorn und wilde Rosen aufgelockert werden. Seltene Pflanzenarten des Trockenrasens finden hier ihren Lebensraum, sogar drei Enziansorten kommen vor. Noch vor wenigen Jahrzehnten diente der Wacholder als Räucherwerk nicht nur zum Räuchern von Schinken und Wurst, sondern auch zur Abwehr von Krankheit und bösen Mächten in Haus und Hof. Allenfalls die Wacholderbeere findet heute noch Verwendung als Heilmittel, dem Brennen des beliebten Wacholderschnapses oder als Gewürz vieler Gerichte der fränkischen Küche.

km 35

Landgasthof Zum Alten Wirt
(08465) 17 35 30

Hinter der Straßenbrücke von **Gungolding** befindet sich am linken Ufer ein ***Ausstieg*** und der ***Bootsrastplatz***. Der nahe, gemütliche *Landgasthof Zum Alten Wirt* *(Mo Ruhetag)* offeriert schmackhafte Hausmannskost und hat schöne, freundliche Zimmer.

Gungolding ist idealer Ausgangspunkt für **Wanderungen** ins ***Arnsberger Schambachtal*** mit seinen Mühlen oder zum ***bewaldeten Höhenkamm des Jura*** mit den ***Felsriffen Nonnenstein*** und ***Hexenfelsen*** südlich des Ortes oder zu **Spaziergängen** durch die ***Gungoldinger Heide*** im Norden.

Hübsch anzuschauen ist die außerhalb des Ortes auf einer Anhöhe stehende barocke ***Pfarrkirche Mariä Himmelfahrt***, zu der 14 Kreuzwegstationen mit Bildtafeln führen.

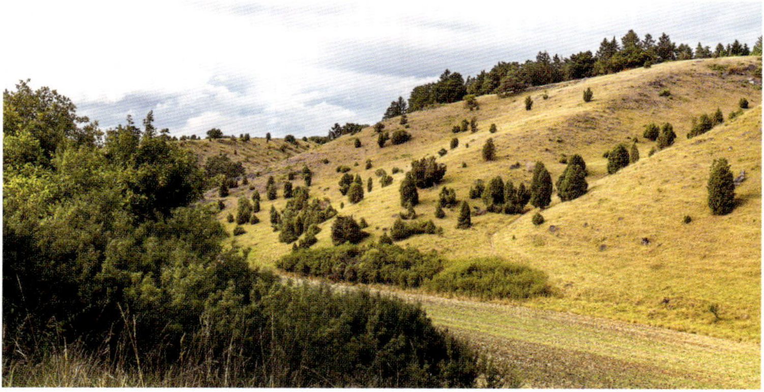

Am nördlichen Ufer erstreckt sich das etwa 70 Hektar große Naturschutzgebiet der Gungoldinger Wacholderheide

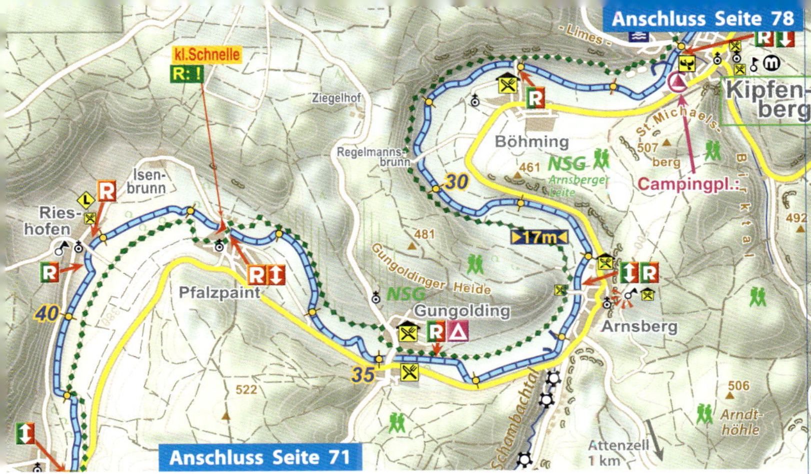

Hinter der nächsten Flussbiegung taucht am Horizont über dem rechten Ufer ***Burg Arnsberg*** auf, die in 120 Metern Höhe auf einem steilen Dolomitfelsen thront. Von der Ruine des einstigen Sommerschlosses der Eichstätter Bischöfe bietet sich ein famoser Ausblick über die Altmühl. *Das zweigeschossige Hauptgebäude der Vorburg wurde 1578 errichtet und 1972 als Hotel renoviert.*

Der ***Bootsausstieg*** in **Arnsberg** liegt direkt hinter der Straßenbrücke am rechten Ufer unterhalb der ***Burg***. Wer Lust auf bayerisch-fränkische Schmankerln hat oder im Bett schlafen möchte, ist im 300 Meter entfernten *Landgasthof Zum Raben* richtig. Ausgangspunkt schöner Wanderungen.

km 32,2

Landgasthof
Zum Raben
(08465) 940 40

Das Altmühltal gibt sich nun wieder spektakulär und wird zur Rechten vom *Naturschutzgebiet Arnsberger Leite* mit lichtem Wald und schroffen, wie Finger aus dem Wald ragenden Dolomitfelsen begrenzt. Durch die exponierte Lage des Hangs wachsen Pflanzen, die sonst im Südosten Europas oder südlich der Alpen verbreitet sind.

An der folgenden, schmalen Straßenbrücke ziehen links die Häuser von **Regelmannsbrunn** vorüber.

km 29,5

km 28

Wirtshaus Römer-Castell
(200 m)
(08465) 172 99 20
Wiedereröffnung Frühjahr 2022 nach Sanierung geplant

Die nächste Möglichkeit zu einem Zwischenstopp bietet sich etwa 1,5 km weiter am ***Rastplatz*** an der Straßenbrücke in **Böhming**. Die weiße ***Kirche St. Johannes der Täufer,*** die ein Stück vor dem Dorf liegt, sticht schon von Weitem ins Auge.

Die erste von Bischof Otto von Eichstätt zwischen 1182 und 1189 geweihte Kirche wurde im 15. Jh. durch einen Neubau ersetzt, von dem noch der Turm mit charakteristischem Treppengiebel erhalten ist. Die Kirche steht innerhalb der Einfriedung eines Friedhofs auf Teilen eines ehemaligen römischen Kastells, vermutlich unter dem römischen Kaiser Hadrian zur Sicherung des Altmühlübergangs des Limes bei Kipfenberg errichtet. Das 95 x 78 Meter große Areal, das dicht bebaut war, nahm bis zu 200 Legionäre auf. Das Kastell ist als Abschnitt des Obergermanisch-Rätischen Limes seit 2005 Teil des UNESCO-Welterbes.

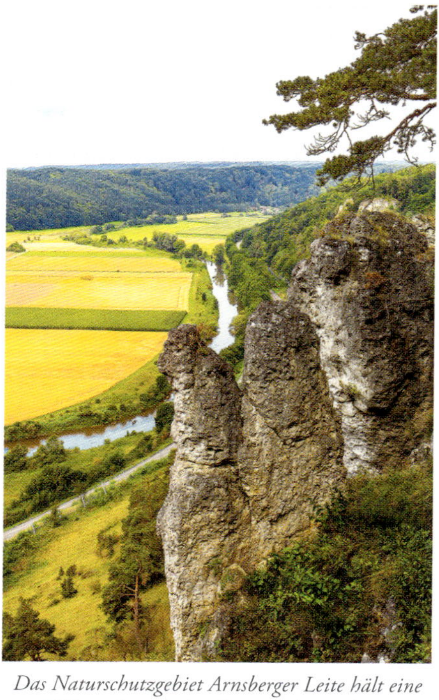

Das Naturschutzgebiet Arnsberger Leite hält eine Fülle an botanischen Besonderheiten bereit

Das rund 200 Meter vom Rastplatz entfernte ***Wirtshaus & Hotel Römer-Castell*** lockt hungrige Paddler mit solch´ Köstlichkeiten wie Lammbraten aus dem Ofenrohr mit Wildkräutern gebraten, Gemüse und Kartoffelgratin und bietet auch ein Bett für müde Kanufahrer.

Nun sind es noch zwei einsame Kilometer bis zum nächsten Zwischenziel, dem Markt Kipfenberg, der schon lange vorher von der hoch über dem rechten Ufer wachenden Burg angekündigt wird.

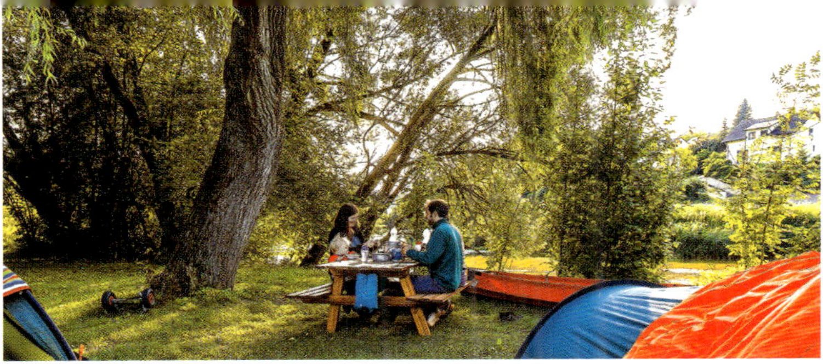

Basisstation zur Erkundung des romantischen Kipfenberg: Camping Azur

Erster Vorposten von **Kipfenberg** ist der Campingplatz ***Camping Azur*** *(Campingpods, Nature Lodges).*

km 26,3

Camping Azur
(08465) 90 51 67

Ein kurzes Stück dahinter bietet am rechten Ufer vor der Brücke der ***öffentliche Bootsanleger*** die Möglichkeit zu einem Landgang und es sind nur wenige Schritte zum ***historischen Marktplatz*** mit einer ganzen Reihe netter ***Gasthäuser***. **Kipfenberg**, *im 13. Jh. in einer Urkunde erwähnt, entwickelte sich am Fuße der Burg (spätes 12. Jh.) mit romanischem Bergfried, spätgotischer Kapelle, Hexenturm (12./13. Jh.) und gotischem Zwingerturm. 1301 verkauften die Ritter den gesamten Besitz samt dem Markt an die Eichstätter Bischöfe und bis zur Säkularisation im Jahre 1803 verblieb die Burg in deren Besitz.*

km 26

Kanuvermieter Kanuuh.de
(08421) 21 10

In der historischen Vorburg ist das ***Römer- & Bajuwaren Museum*** mit dem ***Infopoint Limes*** untergebracht. Es informiert über den Aufbau und das Ende des heutigen Welterbe Limes und die Besiedelung Bayerns durch die Bajuwaren am Ende der Völkerwanderungszeit. Die Burg selbst befindet sich in Privatbesitz und kann nicht besichtigt werden.

Römer und Bajuwaren Museum Infopoint Limes
(08465) 90 57 07
Apr/Mai/Sep/Okt tgl. 10-16, So -18
Jun-Aug tgl. 10-18
Nov-Mär So 10-16

Wer länger in dem hübschen Ort verweilen möchte, dem stehen einige **Ausflüge** in die nähere Umgebung offen:

- Zur 30 Meter tiefen ***Arndthöhle*** mit der Größe einer mittleren Kirche, etwa 750 Meter nordöstlich von **Attenzell**. Erreichbar über das ***Birktal.***

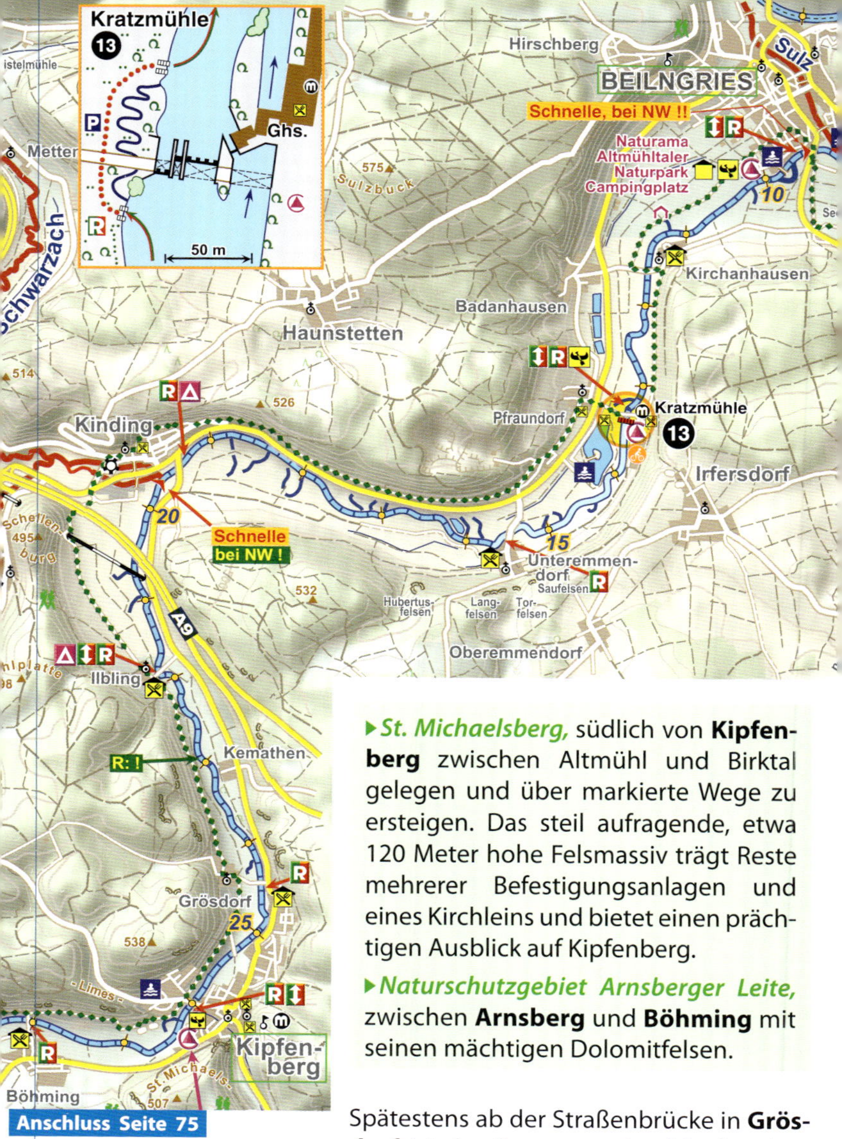

▸ *St. Michaelsberg,* südlich von **Kipfenberg** zwischen Altmühl und Birktal gelegen und über markierte Wege zu ersteigen. Das steil aufragende, etwa 120 Meter hohe Felsmassiv trägt Reste mehrerer Befestigungsanlagen und eines Kirchleins und bietet einen prächtigen Ausblick auf Kipfenberg.

▸ *Naturschutzgebiet Arnsberger Leite,* zwischen **Arnsberg** und **Böhming** mit seinen mächtigen Dolomitfelsen.

Spätestens ab der Straßenbrücke in **Grösdorf** ist das Brummen der A9, die oben am Hang verläuft, auch auf der Altmühl zu vernehmen. Malerisch am Hang steht am linken Ufer die ***Kirche St. Martin*** (15. Jh.) im

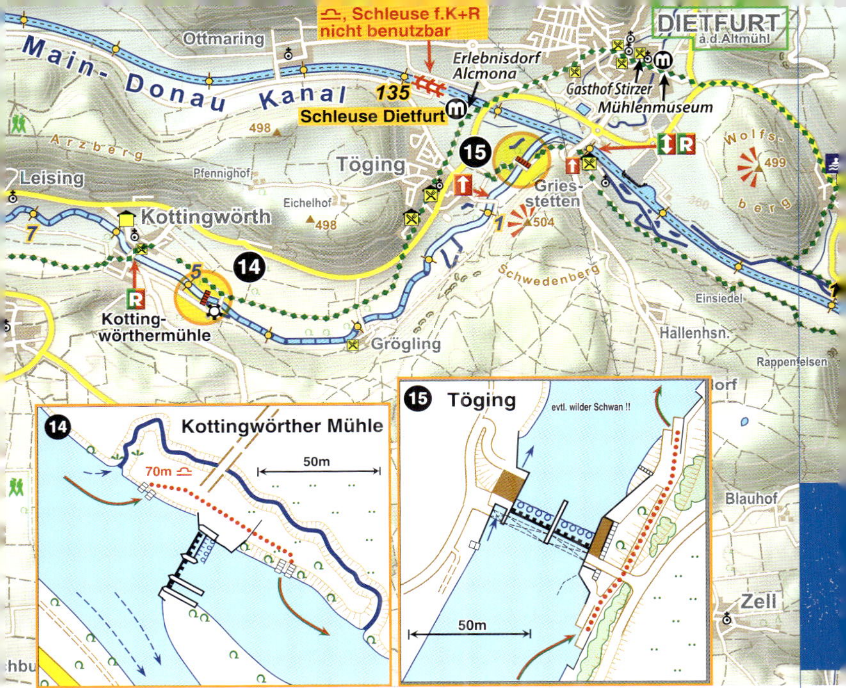

Ort **Grösdorf**. *Über den Altären stehen alte wertvolle Figuren aus der Spätgotik. Das Deckenfresko mit dem Hl. St. Martin und dem Bettler ist hübsch anzuschauen.* Genießen Sie bayerische Gastlichkeit bei einer Brotzeit, Schweinebraten mit Knödeln oder Forelle aus dem nahegelegenen Regelmannsbrunn im 150 Meter entfernten *Gasthaus Zum blauen Hecht.* Helle Zimmer laden zum Verweilen.

km 24,5

Gasthaus Zum blauen Hecht
(08465) 10 66

Zu Füßen des sanft ansteigenden Hangs am linken Altmühlufer liegt das ehemalige Fischerdorf **Ilbling**, *das 1990 eine archäologische Sensation zu verzeichnen hatte, als man einen Germanenkrieger in römischen Diensten mit kostbaren Grabbeigaben fand.* Am ***Bootsrastplatz*** *(Schutzhütte, Feuerstelle, Dixi-Klo)* kann man für fünf Euro sein Zelt aufstellen.

Von Ilbling aus lassen sich *Wanderungen* auf dem mit 7 Infotafeln versehenen ***Archäologischen***

km 21,9

Gästehaus Krieglmeier
(08467) 380

Landgasthof Häckl
(08467) 283

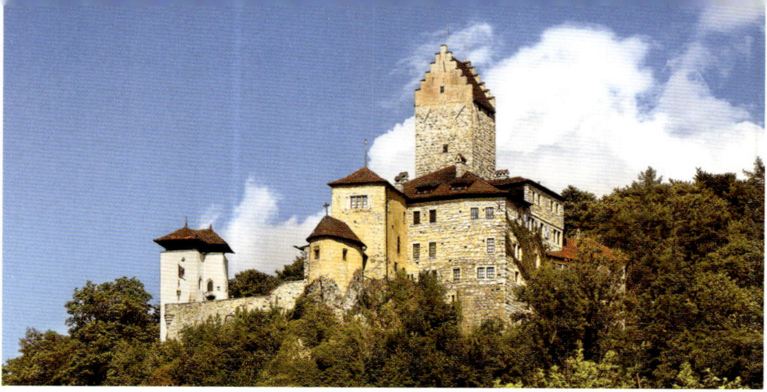

Hoch über den Dächern der Stadt wacht die Burg Kipfenberg

Lehrpfad „Vorzeitfestung Schellenburg" sowie ins *Anlautertal* mit seinen ***Burgruinen*** unternehmen.

km 20,9 Wir unterpaddeln die Eisenbahn- dann die Autobahnbrücke bevor vor der Straßenbrücke in **Kinding** die Altmühl sehr flach wird. Die beste Durchfahrt bietet sich ganz am linken Ufer, wo auch der

km 19,3 einfache ***Bootsrastplatz*** *(Sitzbänke, Feuerstelle, Dixi-Toilette, aber kein Frischwasser)* zu finden ist. Von hier ist es nur ein Katzensprung zu den schönen ***Biergärten*** im Zentrum des Ortes am Schnittpunkt der Täler von *Anlauter, Schwarzach* und *Altmühl*, der zu den ältesten Siedlungen der Region zählt. An den Berghang am Nordende des Dorfes duckt sich die sehr gut erhaltene ***Kirchenburg Kinding***. *In ihrem Zentrum liegt der innere Friedhof, der von einer Ringmauer mit drei Türmen geschützt wird. Südlich schließt sich der äußere Friedhof an, auf dem bei Angriffen sowohl Vieh als auch anderes Hab und Gut sicher verwahrt wurde. Nach außen schützte man die kompakte, spätmittelalterliche Wehranlage durch einen Wehrgang mit Schießscharten vor Angriffen.*

km 15,5 Die ***Bootstreppe*** für eine Rast oder Einkehr im *Landgasthof Wagner* in **Unteremmendorf** liegt am rechten Ufer vor der Brücke. Wer sich die Füße vertreten möchte, wirft einen Blick in die romanische ***Kirche St. Nikolaus*** aus dem 12. Jh. um die sich die

Landgasthof Wagner (200 m) (08467) 279

Häuser des Ortes scharen und deren gedrungene Wucht charakteristisch für viele Dorfkirchen im Altmühltal ist. Das Sakramentshäuschen, eine Arbeit aus der Renaissance um 1570, ist sehenswert.

Linker Hand erstreckt sich der **Pfraundorfer See** oder **Kratzmühlsee**, ein frei zugänglicher großer Natur-Badesee. Er lädt ein zum Baden, Schwimmen, Rudern und Sonnenbaden – an mehr als zwei Kilometern Uferlinie. Am rechten Ufer dehnt sich der langgestreckte *Campingplatz Kratzmühle* *(Sauna, Minigolf, Fahrradvermietung an Gäste)* aus, an dessen Ende sich das *Wehr Kratzmühle* in den Weg stellt. Der Ausstieg für die *Portage* ist am linken Altmühlufer zu finden. Hier haben auch die Kanuvermieter *Der Sonnige Altmühltaler* und *kanuuh.de* ihre Einsetzstellen.

km 13,3

Campingplatz Kratzmühle
(08461) 641 70

km 13,2

13 Wehr Kratzmühle links
110 m umtragen

Kanuvermieter Der Sonnige Altmühltaler
0170-342 19 23

Kanuvermieter kanuuh.de
(08421) 21 10

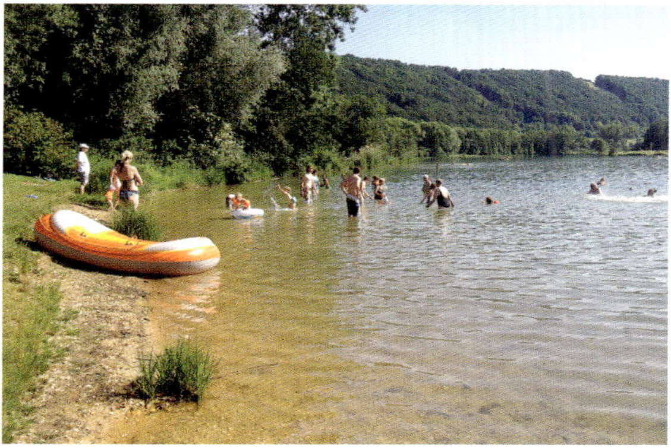

Über die Wehrbrücke gelangt man zum *Technikmuseum* in der ***historischen Mühle*** mit technischen Geräten aus den Bereichen Landwirtschaft, Haushalt, Handwerk und Verkehr sowie dem urigen *Wirtshaus Zur Kratzmühle* mit seiner mediterranen und deutschen Küche. Auf der Straße nach links am großen Parkplatz vorbei, lädt das idyllisch gelegene *Seerestaurant Kratzmühlsee* mit großer Terrasse am Ufer des Sees ein.

Technikmuseum
(08461) 96 82
0171-514 10 01
Apr-Okt
So+Fei 13-17

Wirtshaus Zur Kratzmühle
(08461) 417

Seerestaurant
(08461) 71 91

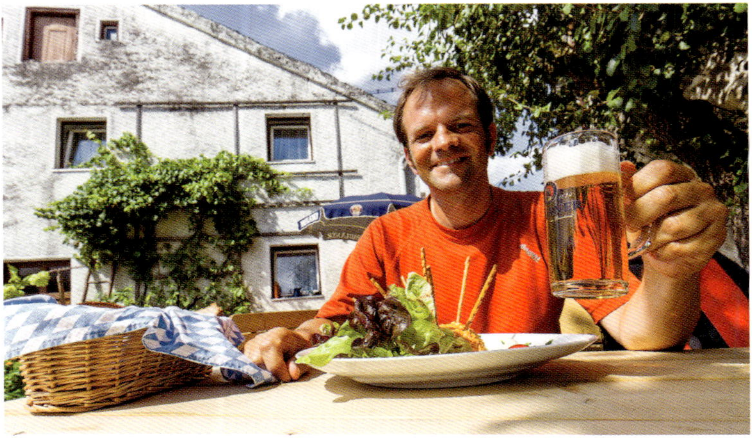

Bayerische Brotzeit in einem Biergarten in Kinding

km 11,6

Gasthaus Pension Altmühlblick
(200 m nach rechts)
(08461) 484

Die nächste Möglichkeit zur *Einkehr* lässt nicht lange auf sich warten und ist an der Straßenbrücke erreicht, die **Badanhausen** am linken mit **Kirchanhausen** am rechten Ufer verbindet.

Sicheres Anzeichen für das nahe Beilngries ist ***Schloss Hirschberg***, das schon lange im Voraus zu erkennen ist.

***Schloss Hirschberg** wurde ab dem 11. Jh. auf einem Bergsporn hoch über Beilngries für die Grafen von Hirschberg erbaut. Als Graf Gebhard VII. 1305 kinderlos verstirbt, erbt der Bischof von Eichstätt die mächtige Anlage, die zu den größten Burgen in der Altmühlregion zählt. Nach einem Blitzeinschlag in der ersten Hälfte des 17. Jh. brennt die Burg zum großen Teil aus. Im 18. Jh. lassen die Bischöfe auf den Ruinen der einstigen Burg eine Schlossanlage mit drei Flügeln errichten. Sie dient den Herren als Sommerfrische, von wo aus man sich auf die Jagd begibt und höfische Feste veranstaltet.*

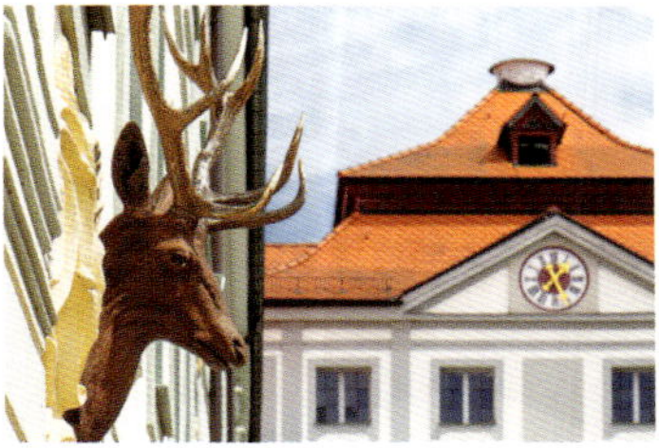

Heute wird die Anlage als Tagungs- und Bildungshaus der Diözese Eichstätt für Tagungen, Seminare und Fortbildungen genutzt.

Am südlichen Stadtrand von **Beilngries** liegt der unter dem Namen ***Naturama*** geführte ***Altmühltaler Naturpark Campingplatz*** *(Schlaffass, SchäferwagenDorf, TinyHausHotel)* mit Bayerns erstem ***Fasshotel*** sowie einer ***Kanuvermietung***.

km 10

Naturama Beilngries
(08461) 60 67 30

Er ist Ausgangspunkt einer Stadtbesichtigung und schöner **Wanderungen** ins nördlich der Stadt gelegene *Sulztal* zum mittelalterlichen **Berching** mit der sehenswerten Altstadt sowie über die Hochfläche südlich des Altmühltals. Dort wechseln sich Waldpassagen ab mit Abschnitten von Feld- und Wiesenfluren und viele schmucke Dörfer werden durchwandert.

Eine kleine, nur etwa sechs Kilometer lange **Wanderung** führt über den östlich der Stadt gelegenen **Arzberg**.

Der *Waldlehrpfad* verbindet die Besonderheiten der Natur rund um **Beilngries** mit herrlichen Ausblicken über das Tal.

Die ***öffentliche Anlegestelle*** für einen Spaziergang durch die Stadt befindet sich an der nächsten Straßenbrücke.

km 9,5

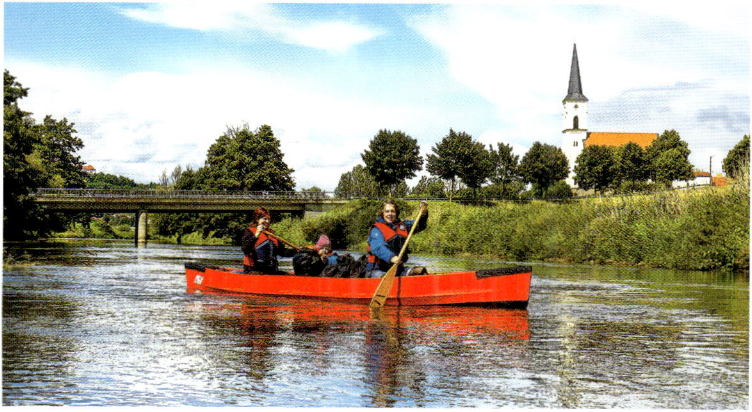

Auf dem Weg nach Beilngries

Blick auf Beilngries

Charakteristisch für die Kleinstadt Beilngries sind die Türme als Überbleibsel der mittelalterlichen Stadtmauer. Sie wurden ab 1407 erbaut und von den einst zwölf Türmen sind noch neun erhalten. Den auffälligen Mittelpunkt bildet die Stadtpfarrkirche St. Walburga mit ihren zwei buntglasierten Turmhelmen. Gegenüber liegt das von Baumeister Gabriel de Gabrieli im Auftrag der Eichstätter Fürstbischöfe errichtete barocke Rathaus.

Die Frauenkirche im Rokoko-Stil, etwas weiter nördlich, gilt als der bedeutendste Kirchenbau von Beilngries. Nur wenige Schritte entfernt, präsentiert das Spielzeugmuseum im ehemaligen Franziskanerkloster eine Sammlung historischer Spielgeräte.

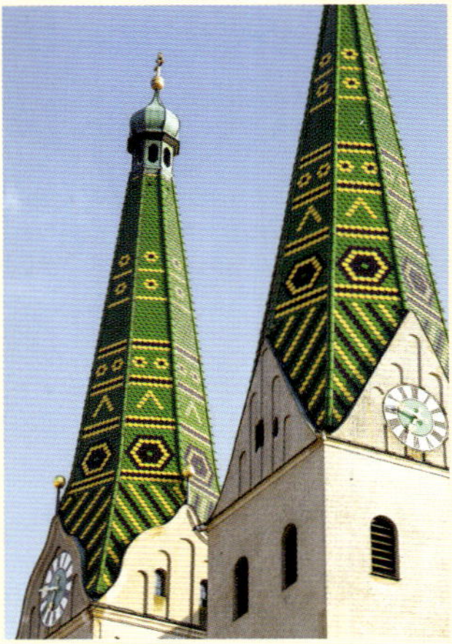

Der bunte Doppelturm von St. Walburga bildet den weithin sichtbaren Mittelpunkt von Beilngries

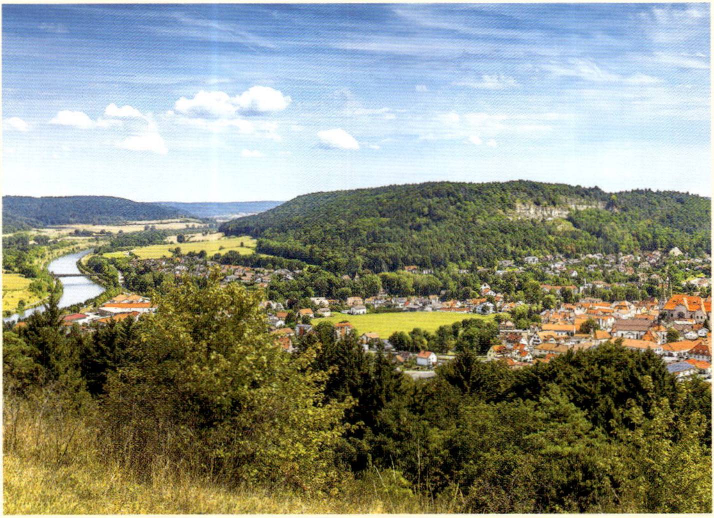

Beilngries erstreckt sich zwischen Main-Donau-Kanal und Altmühl

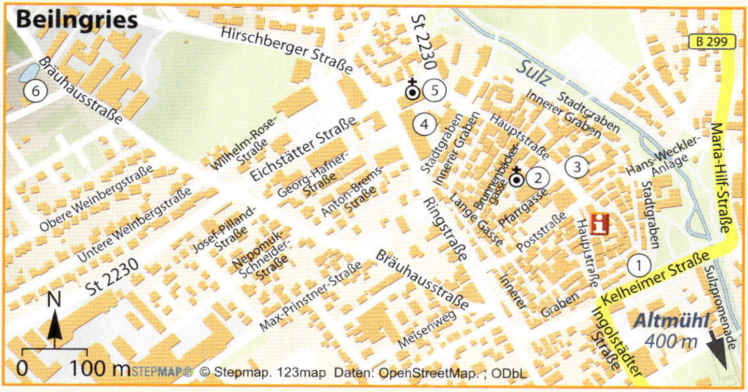

① ***Stadtmauer.*** Insgesamt sind neun Türme aus dem 15. Jh. erhalten.

② ***Stadtpfarrkirche St. Walburga.*** Vom Münchner Architekt Spannagel 1911-1913 errichteter neubarocker Bau, der den Turm der Vorgängerkirche mit seinem hohen Spitzhelm und den farbig glasierten Ziegeln einbezog.

③ ***Rathaus.*** 1740-1742 von Gabriel de Gabrieli im Barockstil erbaut.

④ ***Spielzeugmuseum.*** Sammlung historischer Spielgeräte im ehemal. Franziskanermuseum (18. Jh.). *Apr-Okt Mo-Fr 14-16, Sa 14-18, So 10-18, Eintritt ca. 4 €, Hauptstr. 49, Tel. (08461) 60 11 76,* www.museen-anno-dazumal.de

⑤ ***Frauenkirche.*** Rokokobau (ab 1753) des fürstbischöflichen Hofbaudirektors Maurizio Pedetti.

⑥ ***Brauereimuseum*** im Abenteuerpark, unterirdisches Felsenkellerlabyrinth in dem das Bier vor der Erfindung des Kühlschranks gelagert wurde. *Bräuhausstr. 36, Tel. (08461) 10 33, ca. 5 €, derzeit leider geschlossen.*

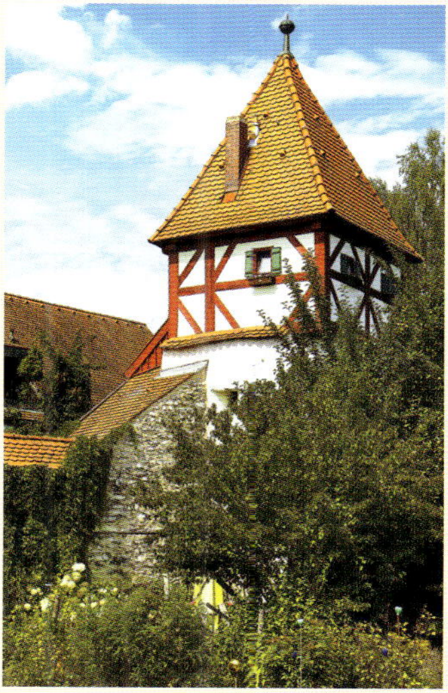

Tolle Übernachtungsmöglichkeit: Im Flurerturm in der Stadtmauer

Tourist-Info, Hauptstraße 14, Tel. (08461) 84 35, www.beilngries.de

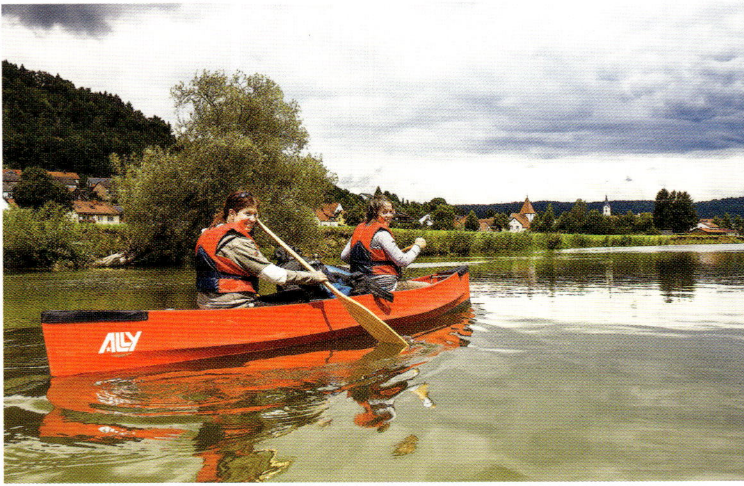

Ziel in Sicht!

Hinter Beilngries werden die Ufer flacher. In **Kottingwörth** werden Paddler von dem gelbem Doppelkirchturm der 1760 erbauten ***Wehrkirche St. Vitus*** begrüßt.

Zuweilen auch „Der kleine Dom im Altmühltal" genannt, ist sie mit einem Zyklus mittelalterlicher Deckenfresken im Turmuntergeschoss der Kirche, die wohl wichtigste Sehenswürdigkeit in der Region. Noch heute ist die Kirche von circa vier Meter hohen Mauern des ehemals befestigten Friedhofs umgeben.

km 5,8

Wirtshaus Zur Sonne
(08461) 78 88

Privatpension Agathe Gierl
(08461) 95 14

Die Möglichkeit zu einem Landgang zum schattigen Biergarten des *Wirtshauses Zur Sonne* mit abwechslungsreichen Schmankerl der bayerischen Küche, bietet die ***Anlegestelle*** am rechten Ufer hinter der Straßenbrücke. Die *Privatpension Agathe Gierl* *(Wassergrundstück)* befindet sich schon 200 Meter vor der Brücke am linken Ufer.

Wehr 14
Kottingwörth
70 m umtragen li

Als letztes Hindernis der Tour will nur einen Kilometer weiter das *Wehr Kottingwörth* etwa 100 Meter am linken Ufer *umtragen* werden.

Am Ortsrand von **Grögling** lädt das urige Blockhaus *Café im Holzhaus* am linken Ufer in seinem schönen Biergarten direkt an der Altmühl oder in die Holzstube zur deftigen Brotzeit mit regionalen, meist biologischen Produkten, Kaffee und hausgemachten Kuchen. Auch die *Kanuvermietung Grögling* ist hier zu finden.

km 3

Café im Holzhaus
(08464) 81 67
Apr-Sep Sa-So 13-18/19

Kanuverleih Grögling
(08464) 81 67
0160-742 65 77

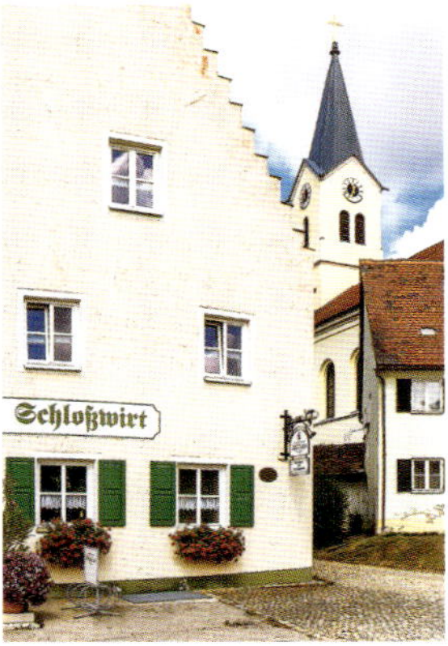

Töging ist Endpunkt der Tour

Bis zum Endpunkt der Tour sind es nun noch gut zwei Kilometer und in einiger Entfernung hinter dem linken Ufer rückt der gelbe Kirchturm von **Töging** ins Blickfeld.

Die beste Stelle zum ***Beenden der Tour*** bietet die große ***Uferwiese*** links hinter der Holzbrücke. Ein paar hundert Meter in den Ort hinein, kann man im *Gasthaus Zum Schlosswirt* übernachten.

km 0,9 Ende

Gasthaus Zum Schlosswirt
(08464) 642 00

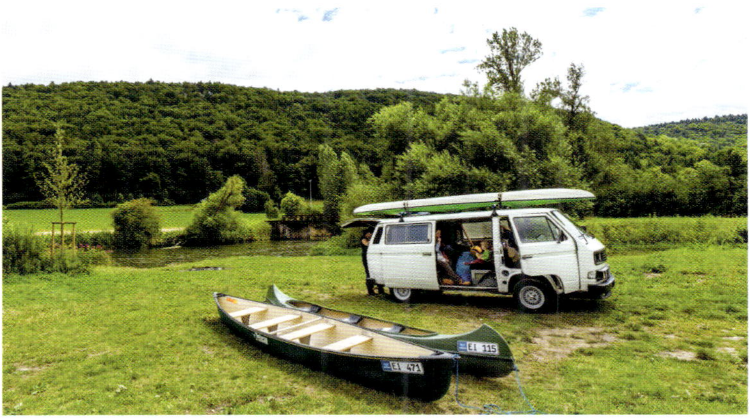

Eine gute Aussetzstelle ist die Uferwiese an der Holzbrücke in Töging

Keltendorf Alcmona
(08464) 18 48

Gut einen Kilometer Fußweg sind es zum, an der ***Schleuse Dietfurt*** gelegenen, vorgeschichtlichen *Erlebnisdorf Alcmona*. Das Gelände ist frei zugänglich, von Mai bis September gibt es an Sonn- und Feiertagen zusätzlich ein „Offenes Haus" von 13–17 Uhr mit Kurzführungen, Kaffee und Kuchen.

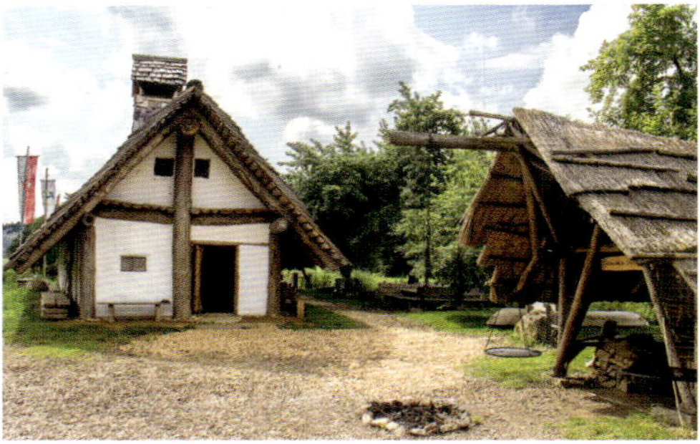

Frei zugänglich: Das vorgeschichtliche Erlebnisdorf Alcmona an der Schleuse Dietfurt

Alternativ: Beendigung der Tour in Dietfurth a.d. Altmühl (+1,5 km):

km 0,4

Wehr Töging 15
umtragen rechts

MDK km 137

Gasthof Meier Zu den 3 Heiligen
(08464) 771

Wer die Tour mit einer komfortablen, günstigen Übernachtung in Wassernähe beenden möchte, muss wenige hundert Meter weiter am rechten Ufer das *Wehr Töging* am Kraftwerk *umtragen*, biegt kurz darauf in den ***Main-Donau-Kanal (MDK)*** ab und legt gleich rechts an den Steinstufen unterhalb des *Gasthofs Meier „Zu den 3 Heiligen"* am Ufer an.

Das gegenübergelegene **Dietfurt a.d. Altmühl** bietet die richtige Kulisse für den stimmungsvollen Tourenausklang. Ihren Titel als „7-Täler-Stadt" verdankt sie der Lage an einer Stelle, wo sich das Altmühltal breit öffnet und die ***Täler*** von ***Weißer Laber*** und ***Wissinger Laber,*** das ***Mühlbacher Tal,*** das ***Untere*** und ***Obere Altmühltal*** sowie das ***Ottmaringer*** und ***Böhmerbrunnen Tal*** sternenförmig zusammentreffen.

Von den einst zehn ***Wehrtürmen*** der ***mittelalterlichen Stadtmauer*** haben sechs die Wirren der Zeit bis heute überstanden. Die wichtigsten Dietfurter Sehenswürdigkeiten lassen sich gut bei einem Stadtbummel entdecken.

Besonders ins Auge fällt vor dem ***Rathaus (1479)*** der ***„Chinesenbrunnen" von 1962***. *Der Spitzname „Bayrisch China" entwickelte sich nachdem der Bischof von Eichstätt einst seinen Kämmerer nach Dietfurt schickte, um die fälligen Steuern und Abgaben einzutreiben. Da sich die Dietfurter hinter der Stadtmauer verschanzten, musste der Kämmerer mit leerem Portemonnaie nach Eichstätt zurückkehren und berichtete „Die Dietfurter verschanzen sich hinter der Stadtmauer wie die Chinesen!".*

Bekannt ist auch das ***Kloster Dietfurt*** durch seine Zen-Meditation und den Ölbergspielen, ein Touristen- und Pilgermagnet in der Fastenzeit. Sehenswert ist auch das ***Altmühtaler Mühlenmuseum*** mit der letzten laufenden Mühle im Altmühltal.

Altmühltaler Mühlenmuseum
(08464) 209
tgl. 8-20

Und noch ein besonderer **kulinarischer Tipp:**
Im historischen ***Gasthof Stirzer*** kocht man nach dem *Slow Food-Prinzip* „Hier gewachsen – hier gegessen". Das Altmühltaler Lamm kommt von den Hüteschäfern der Region, die Brennnesseln aus dem Laabertal, die Kräuter aus dem eigenen Garten und Fleisch und Wurstwaren vom nahen Bauernhof. Die Räume und auch die Gästezimmer zum Übernachten des 500 Jahre alten Gebäudes sind urgemütlich.

Gasthof Stirzer
(08464) 602 59 90
Di-Fr 11.30-14 & 17-22, Sa 11.30-22, So 11-21

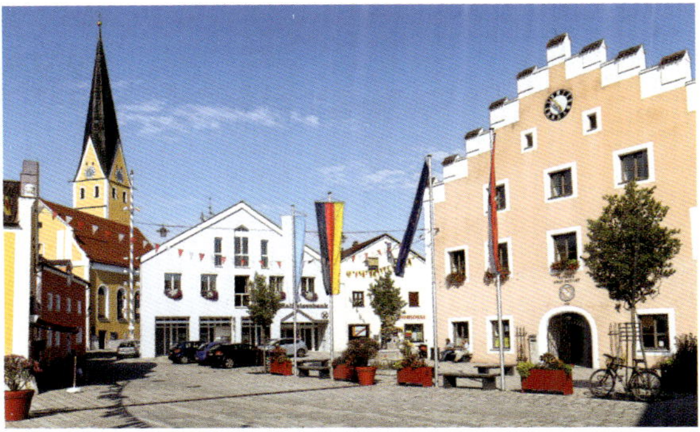

Marktplatz in Dietfurt a.d. Altmühl

Lohnende Ausflugsziele am Main-Donau-Kanal

Schöne **Ausflugsziele** zum Ende der Kanutour gibt es entlang der ***Altmühl***, die auf den letzten 34 Kilometern bis zur Mündung in die ***Donau*** im Bett des ***Main-Donau-Kanals*** fließt, zuhauf.

- Die erste Station, egal ob per Rad oder Auto, wäre das von markanten Jurafelsen umrahmte **Riedenburg** am Fuße der ***Rosenburg*** mit den beiden ***Ruinen Rabenstein*** und ***Tachenstein***. Hier lässt es sich in den ausgedehnten Mischwäldern mit teils über 1.000 Jahre alten Eichen hervorragend wandern. Erwähnung findet das geschichtsträchtige Städtchen, in dem das Geschlecht der Grafen von Riedenburg herrschte, schon im Jahre 1111.

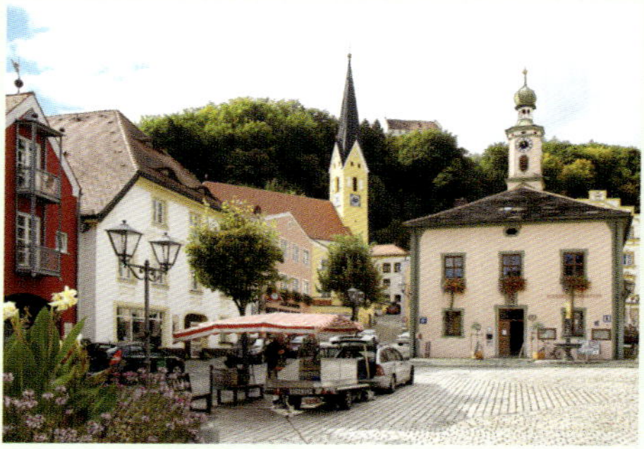

- Vorbei am rund 250 Hektar großen ***Naturschutzgebiet „Klamm und Kastlhäng"***, dessen steile Jurahänge sich am rechten Ufer des ***Main-Donau-Kanals*** erheben, geht es auf die kurz vor **Essing** den Fluss überspannende ***Holzbrücke „Tatzlwurm"*** zu. Die sich elegant in das Landschaftsbild einfügende Rad- und Fußgängerbrücke ist eine echte architektonische Besonderheit der Region und mit rund 190 Metern Länge eine der längsten Hozbrücken Europas.

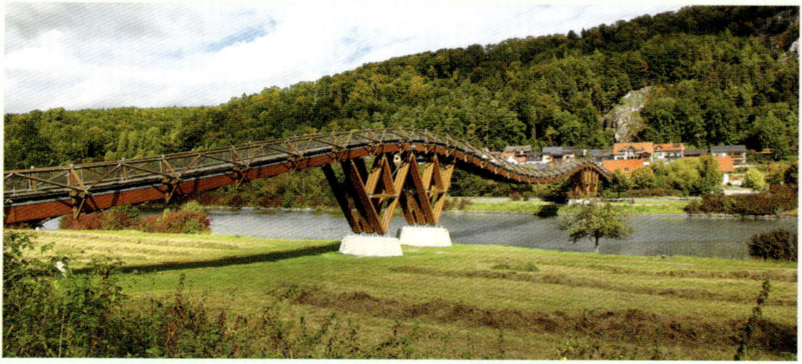

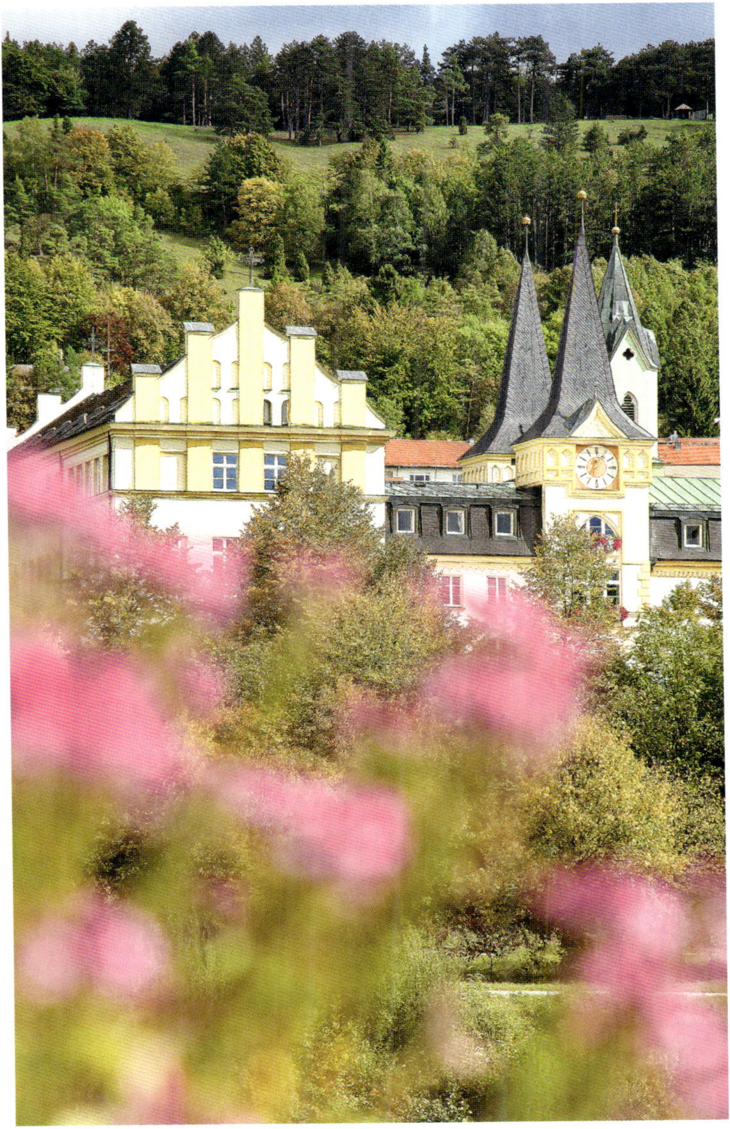

Umrahmt von markanten Jurafelsen und herrlichen Laubwäldern liegt der Luftkurort Riedenburg in der fantastischen Kulisse des Altmühltals. Hier das Kloster St. Anna.

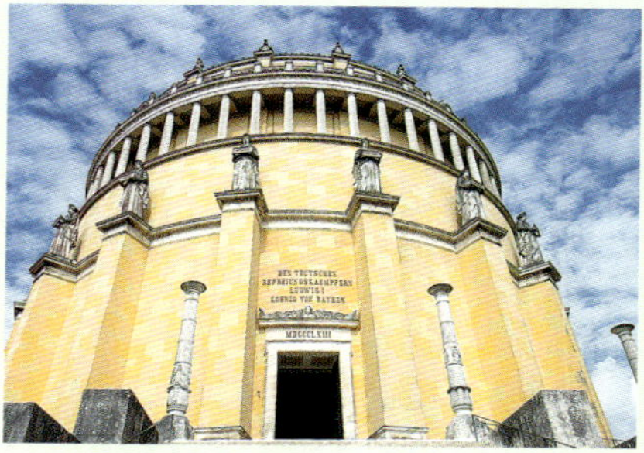

▸ Dann ist auch schon **Kelheim** erreicht, die Stadt an der Mündung der Altmühl in die Donau. Kelten, Germanen, Römer und Bajuwaren haben über die Jahrhunderte ihre Spuren hinterlassen. Neben ***mittelalterlichen Stadttoren*** und schmucken ***Renaissancefassaden*** gibt es zahlreiche Sehenswürdigkeiten. Nicht zuletzt die von König Ludwig I. in Auftrag gegebene ***Befreiungshalle***, Gedenkstätte für die siegreichen Schlachten gegen Napoleon oder auch der ***Alte Kanalhafen***, 1846 in Betrieb genommen und als Denkmal der Ingenieurbaukunst heute noch immer funktionsfähig.

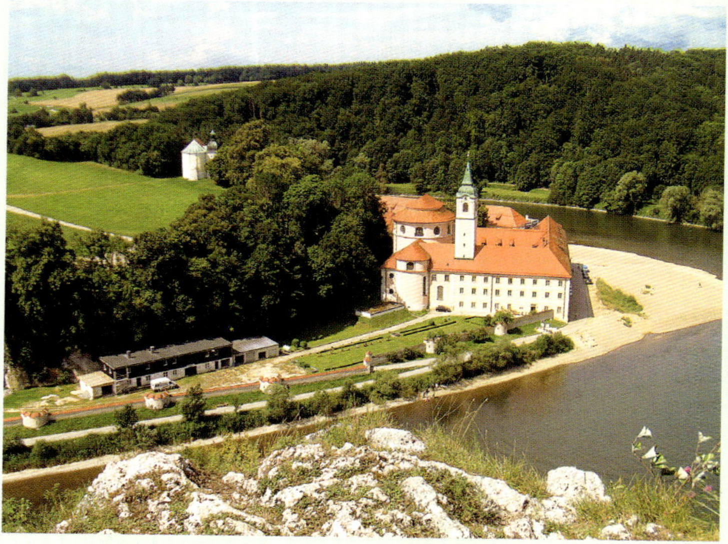

Überdies ist die Stadt Kelheim idealer Ausgangspunkt zum Besuch der ***Benediktinerabtei*** **Weltenburg**, am Eingang des romantischen Donaudurchbruchs gelegen und die älteste klösterliche Niederlassung Bayerns.

Übernachtung in Wassernähe

Es gibt zahlreiche Campingplätze, Pensionen und Hotels direkt am Fluss. Da viele Anbieter auf Radfahrtouristen eingestellt sind, ist häufig auch das Unterstellen von Kanus kein Problem. Viele Übernachtungsmöglichkeiten sind vom Wasser aus zu sehen oder am Ufer (Radweg) ausgeschildert.

Infos über ***Bootsrastplätze*** *(einfache Zeltplätze für max. 2 Übernachtungen) finden Sie unter:* www.naturpark-altmuehltal.de/bootwandern/bootsrastplaetze

Altendorf (OT von Mörnsheim)

Zeltplatz Hammermühle, Tel. (09145) 836 45 15, zeltplatz-hammermühle.de

Arnsberg (OT von Kipfenberg)

Landgasthof Zum Raben, Schloßleite 1, Tel. (08465) 940 40, www.zum-raben.de

Beilngries

Campingplatz (auch Übernachtung in Schlaffässern), An der Altmühl 24, Tel. (08461) 60 67 30, www.naturama-beilngries.de

Böhming (OT von Kipfenberg)

Gasthof Römer-Castell, Wirtstr. 9, Tel. (08465) 172 99 20, www.roemer-castell.de

Breitenfurt (OT von Dollnstein)

Zeltplatz Altmühltal, Schulstraße 13, Tel. (08422) 567, www.zeltplatz-altmuehltal.de

Dietfurt a.d. Altmühl (am Ende der Tour)

Gasthof Meier „Zu den 3 Heiligen“, Griesstetten 111/2, Tel. (08464) 771, www.gasthof-meier.de

Dietfurt i.MFr. (OT von Treuchtlingen)

Pension Friedrich, Sommerhausstraße 5, Tel. (09142) 53 32, www.pension-friedrich-altmuehltal.de

Dollnstein

Campingplatz Dollnstein, Brückenstr. 11a, Tel. (08422) 846, www.campingplatz-dollnstein.de

Gasthof Zur Post, Marktplatz 3, Tel. (08422) 15 15, www.gasthofzurpost-dollnstein.de

Eichstätt

Zelt- und Wohnmobilplatz, Schottenau/Schottenwiese neben Pirkheimer Straße, Tel. (08421) 90 81 47

Grösdorf (OT von Kipfenberg)

Gasthof Zum Blauen Hecht, Irlahüller Weg 2, 85110 Kipfenberg OT Grösdorf, Tel. (08465) 10 66, www.zumblauenhecht.de

Gungolding

Bootsrastplatz, Tel. (08421) 987 60, 5,- Euro pro Zelt

Landgasthof Zum Alten Wirt, St. Marienstraße 4, Tel. (08465) 17 35 30, www.zum-alten-wirt.com

Gunzenhausen

Altmühlsee-Campingplatz Herzog, Seestr. 12, Gunzenhausen/Schlungenhof, Tel. (09831) 90 33, www.camping-herzog.de

Jugendherberge Gunzenhausen, Spitalstraße 3, Tel. (09831) 670 20, www.gunzenhausen.jugendherberge.de

Hotel Adlerbräu, Marktplatz 10, Tel. (09831) 886 70, www.hotel-adlerbraeu.de

Parkhotel Altmühltal, Zum Schießwasen 15, Tel. (09831) 50 40, www.aktiv-parkhotel.de

Gasthof-Hotel zur Post (Hotel-Gasthof Arnold), Bahnhofstr. 7, Tel. (09831) 674 70, www.hotel-gasthof-arnold.de

Hammermühle (Altendorf OT von Mörnsheim)

Zeltplatz, Tel. (09145) 836 45 15, www.zeltplatz-hammermühle.de

Ilbling (OT von Kinding)

Bootsrastplatz, Tel. (08421) 987 60, 5,- Euro pro Zelt

Gästehaus Krieglmeier, Ilbling Nr. 5, Tel. (08467) 380, www.gaestehaus-krieglmeier.de

Landgasthof Häckl, Ilbling Nr. 8, Tel. (08467) 283, www.landgasthof-häckl.de

Inching (OT von Walting)

Bootsrastplatz, Tel. (08421) 987 60, 5,- € pro Zelt,
Frühstücksservice (08426) 98 84 01

Gasthaus Fischerwirt, Martinstr. 5, Tel. (08426) 249, www.fischerwirt-inching.de

Kinding

Bootsrastplatz direkt vor der Altmühlbrücke, Tel. (08421) 987 60, 5,- €/Zelt

Gasthof Zum Krebs, Marktplatz 1, Tel. (08467) 339, www.gasthof-zum-krebs.de

Gasthof Krone, Marktplatz 14, Tel. (08467) 80 10 30, www.krone-kinding.de

Gästehaus Biedermann, Kipfenberger Str. 10, Tel. (08467) 282, www.gaestehaus-biedermann.de

Kipfenberg

Azur Campingpark „Altmühltal“, Campingstraße 1, Tel. (08465) 90 51 67, www.azur-camping.de

Kirchanhausen (OT von Kinding)

Gasthaus-Pension „Altmühlblick“, Kirchanhausen Nr. 7, Tel. (08461) 484, www.gästehaus-altmühlblick.de

Kottingwörth (OT von Beilngries)

Privatpension Agathe Gierl, Alte Salzstr. 18, Tel. (08461) 95 14, www.pensionagathe.de

Kratzmühle (Pfraundorf OT von Kinding)

Campingpl. Kratzmühle, Mühlweg 2, Tel. (08461) 641 70, www.kratzmuehle.de

Pappenheim

Naturcamping Pappenheim, Badweg 1, Tel. (09143) 12 75, www.camping-pappenheim.de

Historischer Gasthof Zum Goldenen Hirschen, Marktpl. 4, Tel. (09143) 434, www.gasthof-zum-goldenen-hirschen.de

Hotel-Gasthof Zur Sonne, Deisingerstraße 20, Tel. (09143) 83 78 37, www.sonne-pappenheim.de

Pfraundorf (OT von Kinding)

Campingplatz Kratzmühle, Tel. (08461) 641 70, www.kratzmuehle.de

Solnhofen

Naturcamping AktivMühle, Eßlinger Str. 3, Tel. (09145) 83 68 18, www.aktivmuehle.de

Töging (OT von Dietfurt a.d. Altmühl)

Gasthaus Zum Schlosswirt, Beilngrieser Straße 14, Tel. (08464) 642 00, www.gasthaus-zum-schlosswirt.de

Treuchtlingen

Zeltplatz Treuchtlingen, Kanalstr., Tel. (09145) 836 45 38 od. 0170-304 02 96, www.zeltplatz-treuchtlingen.de

Hotel Garni-Gästehaus Stadthof, Luitpoldstraße 27, Tel. (09142) 969 60, www.gaestehaus-stadthof.de

Café/Pension Zur Brücke, Hauptstr. 51, Tel. 0171-874 46 44

Unteremmendorf (OT von Kinding)

Landgasthof Wagner (Slow Food), Unteremmendorf 5, Tel. (08467) 279, www.landgasthof-wagner.de

Walting

Hotel Gut Moierhof, Leonhardistr. 11, Tel. (08426) 987 80, www.gut-moierhof.de

Landgasthaus „Zur Mühle", Pfünzer Straße 5, Tel. (08426) 221, Fahrräder zum mieten, www.landgasthaus-zur-muehle.de

Wasserzell

Landgasthof Hirschenwirt, Brückenstraße 9, Tel. (08421) 96 80, www.hirschenwirt.de

Windsfeld (OT von Dittenheim)

„Der Moarhof", Windsfeld 10, Tel. (09834) 97 59 30, www.der-moarhof.de

Zimmern (OT von Pappenheim)

Gasthof Zum Hollerstein, Zimmern 32, Tel. (09143) 753, www.hollerstein.de

Kanuvermieter

Die Vermieter, meist mobil, bringen Kanus an verschiedene Einsetzstellen.

Altendorf bei Mörnsheim

Zeltplatz Hammermühle, Frankenboot, Tel. (09142) 46 45, www.zeltplatz-hammermühle.de und www.frankenboot.de

Beilngries

Naturama Bootsverleih Beilngries, An der Altmühl 24, Tel. (08461) 60 67 30, www.bootsverleih-beilngries.de und www.naturama-beilngries.de

Dietfurt i.MFr. (OT von Treuchtlingen)

SAN-aktiv-TOURS, (Firmensitz in Gunzenhausen), Tel. (09831) 49 36, www.san-aktiv-tours.de

Dietfurt a.d. Altmühl (am Ende der Tour)

Der Sonnige Altmühltaler, Wildenstein 16, Tel. 0170-342 19 23, *www.der-sonnige-altmuehltaler.de (Einsetzstelle: Kratzmühle)*

Dollnstein

Geggs Bootsverleih, Marktplatz 8, 91795 Dollnstein, Tel. (08422) 691, www.kanuvermietung-altmuehltal.de

Eichstätt

Kanuuh Kanuverleih im Altmühltal, (weitere Stationen in Solnhofen, Kipfenberg und Kratzmühle), Am Graben 22, Tel. (08421) 21 10, www.kanuuh.de

Kanuvermietung Bacherle, Tel. 0172-243 82 59, www.kanuvermietung-bacherle.de

boote-glas, Industriestr. 18a, Tel. (08421) 30 55, www.boote-glas.de

Gunzenhausen

SAN-aktiv-TOURS, Otto-Dietrich-Str. 3, Tel. (09831) 49 36 *(weitere Stationen in Dietfurt i.MFr. und Altendorf bei Mörnsheim)*, www.san-aktiv-tours.de

Grögling (OT von Dietfurt a.d. Altmühl)

Kanuverleih Grögling, Grögling 3, Tel. (08464) 81 67 und 0160-742 65 77 *(inkl. Bootstransport zur Einsetzstelle Kratzmühle)*

Hammermühle (Altendorf OT von Mörnsheim)

Zeltplatz Hammermühle, Frankenboot, Tel. (09142) 46 45, www.zeltplatz-hammermühle.de und www.frankenboot.de

Kratzmühle / Pfraundorf (OT von Kinding)

Der Sonnige Altmühltaler, (Firmensitz Dietfurt a.d. Altmühl), Tel. 0170-342 19 23, www.der-sonnige-altmuehltaler.de

Kanuverleih Grögling, Grögling 3, 92345 Dietfurt, Tel. (08464) 81 67, *(Einsetzstelle in Kratzmühle)*

Kanuuh Kanuverleih im Altmühltal, (weitere Stationen in Eichstätt, Kipfenberg und Solnhofen), Am Graben 22, Tel. (08421) 21 10, www.kanuuh.de

Pappenheim

Bootsverleih Gruber, Geislohe 63, Tel. (09149) 12 71, www.bootsverleih-gruber.de

Bootsverleih Altmühl, Manfred Popp, Beckstr. 34, Tel. (09143) 83 78 34 od. 0171-527 12 51, www.bootsverleih-altmuehl.de

Solnhofen

AktivMühle, Eßlinger Str. 3, Tel. (09145) 83 68 18, www.aktivmuehle.de

Kanuuh Kanuverleih im Altmühltal, (weitere Stationen in Eichstätt, Kipfenberg und Kratzmühle), Am Graben 22, Tel. (08421) 21 10, www.kanuuh.de

Treuchtlingen

Frankenboot, Dürerstraße 18, Tel. (09142) 46 45, (weitere Station am Zeltplatz Hammermühle), www.frankenboot.de

Walting (nur Einsetzstelle)

Altmühl-Bootsverleih, Tel. (08421) 21 10, www.altmuehl-bootsverleih.de

Schmidt's Bootsverleih, Margaretenstraße 9, 85131 Sornhüll (bei Walting), Tel. (08426) 433, www.bootsverleih-altmuehltal.de

Zimmern (OT von Pappenheim)

Bootsverleih „Zur Zimmerer Mühle", Zimmern 15, Tel. (09143) 432, www.bootsverleih-zimmern.de

Gasthof Zum Hollerstein, Zimmern 32, Tel. (09143) 753, www.hollerstein.de

Fahrradvermieter

Beilngries

Fahrrad Zucker, Gartenstr. 18, Tel. (08461) 88 22

Zweirad Huber, Ingolstädter Str. 21, Tel. (08461) 60 50 47, www.zweirad-huber.de

Brombach- und Altmühlsee

SAN-aktiv-TOURS, (Firmensitz in Gunzenhausen), Tel. (09831) 49 36, www.san-aktiv-tours.de

Dollnstein

Fahrradparadies Dollnstein Rehm, auch e-bikes, Papst-Victor-Str. 6 & Wiesenweg 18, 91795 Dollnstein, Tel. (08422) 98 77 52, *(Mi geschl.)*, www.rehm-r.de

Eichstätt

Rentamania-Bikes, Gemmingenstr. 22, Tel. 0177-4126214, www.rentamania.de

Gunzenhausen

Fahrradcenter Gruber, Weißenburger Str. 49, Tel. 0170-672 99 65, www.radsport-gruber.com

SAN-aktiv-TOURS, Otto-Dietrich-Str. 3, Tel. (09831) 49 36, san-aktiv-tours.de

Kratzmühle (Pfraundorf OT von Kinding)

Campingplatz Kratzmühle, Mühlweg 2, Tel. (08461) 641 70, www.kratzmuehle.de

Geführte Kanutouren & Veranstalter

Beilngries

Beilngries Tourismus, Hauptstraße 14, Tel. (08461) 84 35, www.beilngries.de

Dollnstein

Geggs Bootsverleih, (2-Tage-Kanutour mit Gepäcktransfer), Marktplatz 8, Tel. (08422) 691 od. 0179-598 58 05, www.kanuvermietung-altmuehltal.de

Eichstätt

Kanuuh.de, (geführte Touren, Kanupauschalen), Am Graben 22, Tel. (08421) 21 10, www.kanuuh.de

Tourist-Info Eichstätt, Domplatz 8, Tel. (08421) 600 14 00, *(Paddel und Pedal auch mit E-Bikes),* www.eichstaett.de

Gunzenhausen

SAN-aktiv-TOURS, Otto-Dietrich-Str. 3, Tel. (09831) 49 36, san-aktiv-tours.de

Laaber OT Hinterzhof

Erlebnismax, Riegelweg 4, Tel. (09498) 90 24 60 od. 0171-244 92 00, www.erlebnismax.de

Solnhofen

Kanuzentrum AktivMühle, (geführte Kanutouren auch Kanu+Rad, Kajak- & Kletterkurse), Eßlinger Straße 3, Tel. (09145) 83 68 18, www.aktivmuehle.de

Kanuuh.de, (geführte Touren, Kanupauschalen, Veranstalter), im Kloster Solnhofen *(Firmensitz in Eichstätt),* Tel. (08421) 21 10, www.kanuuh.de

Treuchtlingen

FB Frankenboot UG (Gepäcktransport mögl.) Dürerstr. 18, Tel. (09142) 46 45, www.frankenboot.de

Sehenswürdigkeiten & Weitere Aktivitäten

Beilngries

Spielzeugmuseum, Hauptstr. 49, Tel. (08461) 81 04, *Apr-Okt Mo-Fr 14-16, Sa 14-18, So 10-18, Nov-Mär Mi 14-16, Sa/So 13-17,* ca. 4 €, www.museen-anno-dazumal.de

Brauereimuseum im Abenteuerpark, Bräuhausstr. 36, Tel. (08461) 10 33, ca. 5 €

Dietfurt a.d. Altmühl (am Ende der Tour)

Altmühltaler Mühlenmuseum, Hauptstraße 51, Tel. (08464) 209, *tgl. 8-20,* www.altmuehltalermuehle.de

Museum im Hollerhaus, Pfarrgasse 6, Tel. (08464) 91 45, *Mai Sa 14-18, So 14-17, Jun-Okt Mi, Sa 14-18, So 14-17,* Eintritt ca. 2 €

Erlebnisdorf Alcmona (vorgeschichtliches Erlebnisdorf), Am Ludwig-Donau-Main-Kanal, Tel. (08464) 18 48, Gelände frei zugänglich, *Mai-Sep So & Feiertag „Offenes Haus" 13-17 mit Bewirtschaftung,* Eintritt frei. www.alcmona.de

Dollnstein

Altmühlzentrum Burg Dollnstein, Unterer Burghof 5, Tel. (08422) 987 98 10, *Ostern bis Allerheiligen Di-So 9.30-17.30,* www.altmuehlzentrum.de

Eichstätt

Willibaldsburg, Burgstraße 19, Tel. (08421) 47 30,
Mai-Okt Di-So 9-18, Okt-März Di-So 10-16,
aufgrund von Sanierung sind Innenhof und Burgschänke bis auf weiteres geschlossen

Bastionsgarten „hortus eystettensis", Burgstraße 19, Tel. (08421) 47 30,
Palmsonntag - Mitte Okt Di-So 9-18, Eintritt frei

Jura-Museum Eichstätt, Burgstraße 19, Tel. (08421) 29 56,
Apr-Sep Di-So 9-18, Okt-Mär Di-So 10-16, Eintritt ca. 5 €, www.jura-museum.de

Museum für Ur- und Frühgeschichte, Burgstraße 19, Tel. (08421) 894 50, *Apr-Sep Di-So 9-18, Okt-Mär Di-So 10-16,* Eintritt ca. 5 €

Kloster St. Walburg, Walburgiberg 6, Tel. (08421) 988 70, www.abtei-st-walburg.de

Eichstätter Dom, Domplatz, Tel. (08421) 502 77, www.eichstaetter-dom.de

Domschatz- & Diözesanmuseum, Residenzplatz 7, Tel. (08421) 507 42, Mi-Fr 10.30-17, Sa/So 10-17, www.dioezesanmuseum-eichstaett.de

Fürstbischöfliche Residenz mit Spiegelsaal, (nur mit Führung zu besichtigen),
Residenzplatz 1, Tel. (08421) 700, Mo-Fr 7.30-12, Mo-Mi 14-16, Do14-17.30

Informationszentrum Naturpark Altmühltal mit Biotopgarten (moderne Ausstellung zu Kultur, Natur und Geschichte der Region) , Notre Dame 1, Tel. (08421) 987 60,
Apr-Okt Mo-Sa 9-17, So 10-17 (Mitte Mai bis Mitte Sep bis 18), Nov-Mär Mo-Do 9-12 und 14-16, Fr 9-12, www.naturpark-altmuehltal.de

Museum Bergér, Harthof 1, Tel. (08421) 90 55 90, Eintritt ca. 3 €, *Jul-Mitte Sep (Ende der bayerischen Schulsommerferien) tgl. 10-17,* www.museum-berger.de

Fossiliensteinbruch Blumberg, Kinderdorfstraße, Tel. 0157-73 05 98 06,
Apr-Sep 10-17, Eintritt ca. 4 €, Werkzeugverleih ca. 2 €, Reservierung empfohlen

Graben (OT von Treuchtlingen)

Fossa Carolina Karlsgraben-Ausstellung, Hüttinger-Scheune, Karlsgrabenstr. 7,
Tel. (09142) 86 17, *Ende Apr-Mitte Okt, Mi - So 14-17,* ca.1,50 €, www.treuchtlingen.de

Gunzenhausen

Archäologisches Museum, Brunnenstr. 1, Tel. (09831) 50 83 06, *Mai-Sep Mo-Fr 9-12.30 + 14-18, Sa 10-14, Okt-Apr Mo-Fr 9-12.30 + 14-17, Sa 10-13,* Eintritt ca. 3 €

Stadtmuseum, Rathausstr. 12, Tel. (09831) 50 83 06,
wegen Brandschutzbestimmungen bis auf weiteres geschlossen

Waldbad am Limes, beheiztes Freibad, Leonhardsruhstr. 46, Tel. (09831) 32 34,
Mai-Aug tgl. 7-20, Sep 7-19, Eintritt ca. 4 €, www.waldbad-am-limes.de

Freizeitbad mit Solebad & Saunadorf Juramare, Bahnhofplatz 16,
Tel. (09831) 800 48 00, *Di-So geöffnet,* Eintritt ab 4,80 / 2,50 €, www.juramare.de

Fossilien- u. Steindruckmuseum (vormals Maxberg-Museum), Sonnenstr. 4, Tel. (09831) 88 26 55, *Apr-Okt Do-So 10-12 & 14-17,* Eintritt ca. 3,50 €, www.fossilien-und-steindruck-museum.de

Kinding

Wehrkirche oder Kirchenburg, An der Wehrkirche 1

Kratzmühle (Pfraundorf OT von Kinding)

Technikmuseum in der historischen Mühle, Mühlweg 1, Tel. (08461) 81 04, *Apr-Okt Mi/Sa 14-18, So 10-18,* Eintritt ca. 4 €, www.museen-anno-dazumal.de

Kipfenberg

Römer und Bajuwaren Museum mit Infopoint Limes, Burg Kipfenberg, Tel. (08465) 90 57 07, *Jun-Aug Mo-Sa 10-18, So 10-19, Apr, Mai, Sep, Okt Mo-Sa 10-16, So 10-18, Nov-Mär So 10-16,* Eintritt ca. 5 €, www.bajuwaren-kipfenberg.de

Fastnachts-Museum Fasenickl im Torwärterhaus, Torbäckgässchen 1, Tel. (08421) 90 57 16, *aufgrund von Baumaßnahmen bis auf weiteres geschlossen,* www.fasenickl.de

Mörnsheim

Heimatmuseum im Historischen Kastenhof, Kastnerplatz 1, Tel (09145) 831 50, *Mai-Okt Mo, Do, Fr 9.30-11.30*

Besuchersteinbruch Mühlheim (südwestlich von Mörnsheim), 91804 Mühlheim, Tel. 0160-91 42 91 82 od. (09145) 83 90 42, *23.Mär- 3.Nov tgl. 10-16,* Eintritt ca. 8 €, Werkzeugverleih: Hammer & Meißel je 0,50 €, www.besuchersteinbruch.de

Pappenheim

Burg Pappenheim, auf dem Schlossberg am westlichen Rand der Altstadt, Apr-Anfang Nov Di-So 10-17, Eintritt ca. 5 €

Freibad Pappenheim, Schützenstraße 18, Tel. (09143) 606 95, *Mai/Jun 10-20, Jul/Aug 9-20, Sep 13-19*

Solnhofen

Museum Solnhofen, Bahnhofstr. 8, Tel. (09145) 83 20 30, *Apr-Okt tgl. 9-17, Nov-Mär So 13-16,* Eintritt ca. 5 €, www.museum-solnhofen.de

Sola-Basilika, Senefelderstraße *(neben der evangelischen Kirche),* frei zugänglich

Hobby-Steinbruch „Untere Haardt“, zwischen Solnhofen und Langenaltenheim, *Info & Kasse im Museum Solnhofen*, Tel. (09145) 83 20 20, *Apr-Okt 9-17*, Eintritt ca. 5 €

Treuchtlingen

Stadtschloss mit Kur- & Tourist-Info, (Mo-Fr 9-12 & 13-17, Apr-Sep auch Sa 9-13) & *Info-Zentrum Naturpark Altmühltal* und *Posamenten-Museum (Mo-Fr 13-17),* Heinrich-Aurnhammer-Str. 3, Tel. (09142) 96 00 60, www.treuchtlingen.de

Museum Treuchtlingen, Josef-Lidl-Str. 3, Tel. (09142) 960 07 31, *Apr-Okt Di-So 13-17, Nov-Mär Mi-Fr, So 13-17*

Burg Treuchtlingen, Am Schlossberg, *Apr-Okt Mo-Fr 9-18, Sa/So 10-16,* Eintritt frei *(Schlüssel für den Bergfried in der Tourist-Info)*

Altmühltherme, Bürgermeister-Döbler-Allee 12, Tel. (09142) 960 20, *tgl. 9-21,* Thermalbad ab 9 €, Sauna +6 €, Aktivbad ab 4,80 €, www.altmuehltherme.de

Treuchtlingen (OT Graben)

Fossa Carolina Karlsgraben-Ausstellung, Hüttinger-Scheune, Karlsgrabenstr. 7, Tel. (09142) 96 00 60, *Ende Apr-Mitte Okt, Mi-So 14-17,* Eintritt ca.1,50 €, www.treuchtlingen.de

Auskunft & Tourist-Infos

Beilngries

Tourist-Info Beilngries, Hauptstr. 14, Tel. (08461) 84 35, www.beilngries.de

Dietfurt a.d. Altmühl (am Ende der Tour)

Tourist-Info Dietfurt, Hauptstr. 26, 92345 Dietfurt, Tel. (08464) 64 00 19, www.dietfurt.de

Dollnstein

Tourismusverein Dollnstein, Unterer Burghof 5, Tel. (08422) 15 02, www.dollnstein-info.de

Eichstätt

Informationszentrum Naturpark Altmühltal, Notre Dame 1, Tel. (08421) 987 60, www.naturpark-altmuehltal.de

Tourist-Info Eichstätt, Domplatz 8, Tel. (08421) 600 14 00, www.eichstaett.de

Gunzenhausen

Tourismusverband Fränkisches Seenland, Hafnermarkt 13, Tel. (09831) 50 01 20, www.fraenkisches-seenland.de

Touristik Information Gunzenhausen, Rathausstraße 12, Tel. (09831) 50 83 00, www.gunzenhausen.de

Kinding

Marktverwaltung Kinding, Kipfenberger Str. 4, Tel. (08467) 840 10, www.kinding.de

Kipfenberg

Tourist-Info Kipfenberg, Marktplatz 2, Tel. (08465) 94 10 40, www.kipfenberg.de

Mörnsheim

Markt Mörnsheim, Kastnerplatz 1, Tel. (09145) 831 50, www.moernsheim.de

Muhr am See (Altmühlsee)

Touristbüro, Schlossstr. 4, Tel. (09831) 89 03 70, *Apr-Okt 9.30-12.30,* www.muhr-am-see.de

Pappenheim

Touristinfo, Deisingerstraße 1, Tel. (09143) 606 66, www.pappenheim.de

Solnhofen

Tourist-Info Solnhofen, Bahnhofstr. 8, Tel. (09145) 83 20 20, www.solnhofen.de

Treuchtlingen

Kur- und Touristinfo Treuchtlingen, Heinrich-Aurnhammer-Str. 3, Tel. (09142) 96 00 60, www.treuchtlingen.de

Kanu-Verbände

Deutscher Kanu-Verband, Bertaallee 8, 47055 Dusiburg, Tel. (0203) 99 75 90, www.kanu-de

Bundesverband Kanu e.V. (BVKanu), Gunther-Plüschow-Str. 8, 50829 Köln, Tel. (0221) 59 57 10, www.bvkanu.de

Paddel-Zeitschriften

kajak-Magazin, Tel. (07221) 95 210, www.kajak-magazin.com

KANUmagazin, Tel. (089) 55 24 10, www.kanumagazin.de

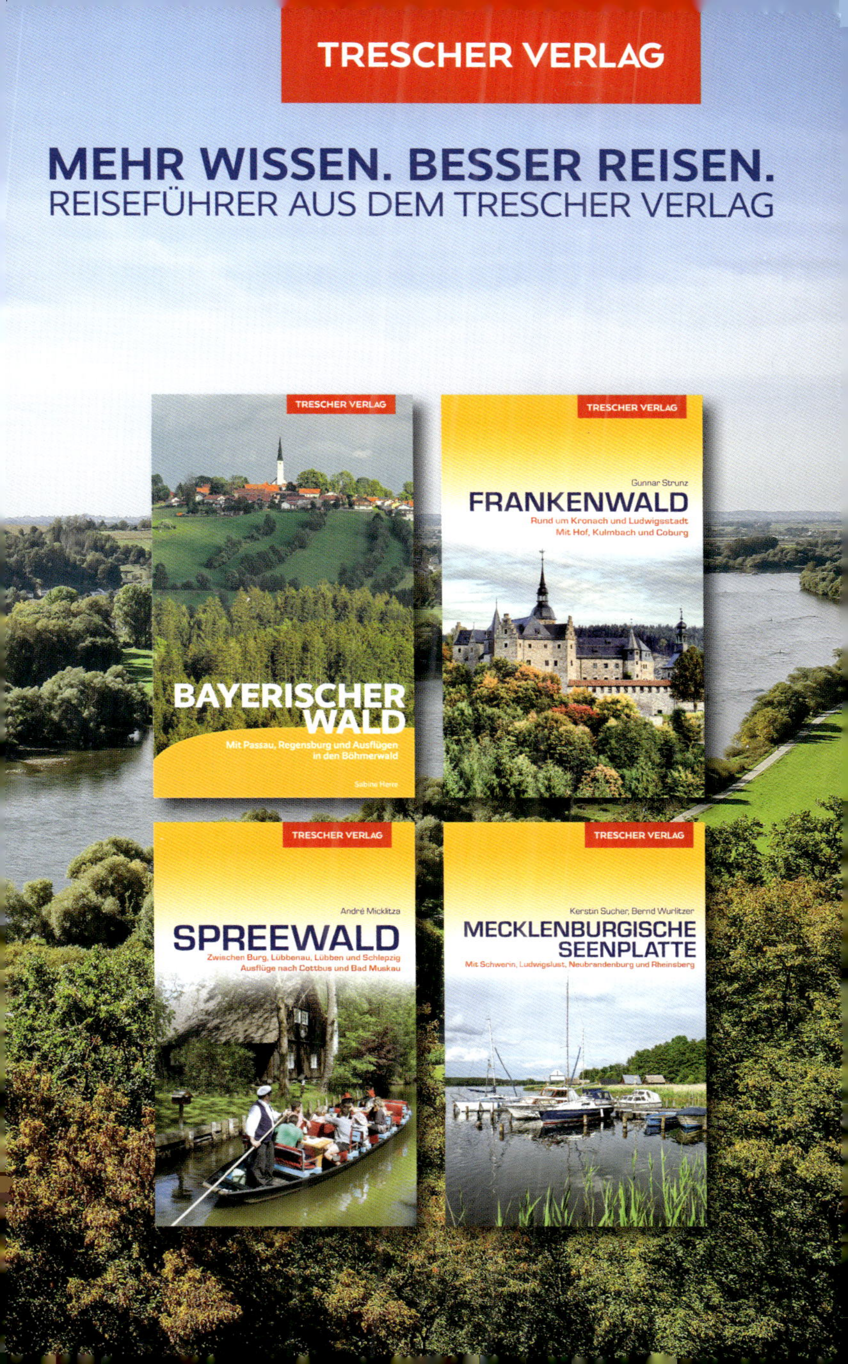

TRESCHER VERLAG
MEHR WISSEN. BESSER REISEN.
REISEFÜHRER AUS DEM TRESCHER VERLAG
TRESCHER VERLAG
BAYERISCHER WALD
Mit Passau, Regensburg und Ausflügen in den Böhmerwald
Sabine Herre
TRESCHER VERLAG
Gunnar Strunz
FRANKENWALD
Rund um Kronach und Ludwigsstadt
Mit Hof, Kulmbach und Coburg
TRESCHER VERLAG
André Micklitza
SPREEWALD
Zwischen Burg, Lübbenau, Lübben und Schlepzig
Ausflüge nach Cottbus und Bad Muskau
TRESCHER VERLAG
Kerstin Sucher, Bernd Wurlitzer
MECKLENBURGISCHE SEENPLATTE
Mit Schwerin, Ludwigslust, Neubrandenburg und Rheinsberg

Die Buchreihe SUP-GUIDE

SUP GUIDE

Die schönsten SUP-Spots
+ die besten **EINKEHRTIPPS**

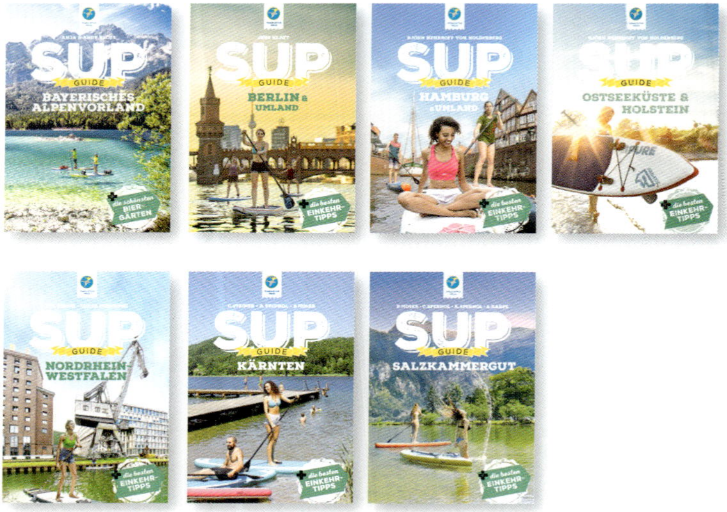

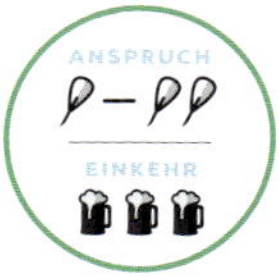

Icons zur Einschätzung „Anspruch & Einkehr" zu jeder Tour

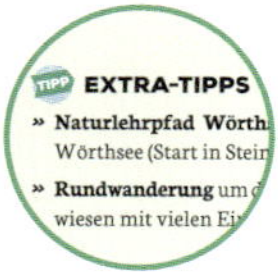

Extra-Tipps & Sehenswertes zur Tour

- Jede Tourenbeschreibung mit detaillierter Karte und besonderen Einkehrtipps
- Tourenvorschläge für Anfänger und Fortgeschrittene mit Länge und Dauer
- Infos zur Anreise mit ÖPNV und dem PKW mit Parkmöglichkeiten
- Charakter des Gewässers, Baden, Wind & Wetter, Befahrungsregeln
- Adressen zu SUP-Vermietern, Übernachtungsmöglichkeiten und Einkehrtipps
- Sehenswertes am Gewässer und „rundum" aktiv
- Technik & Paddelschläge für Einsteiger
- Basics zum Stand-Up Paddling

Weitere Bücher aus dem Verlag

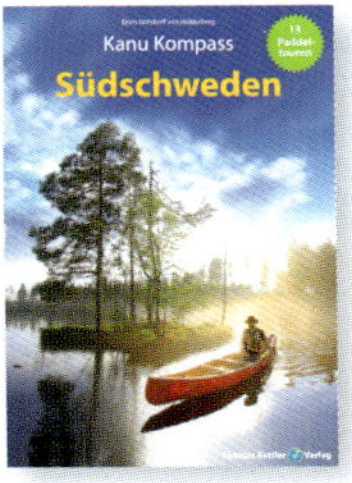

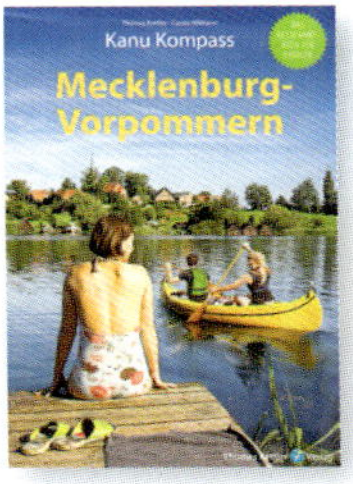

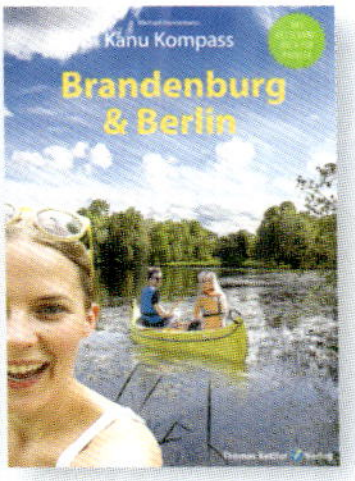

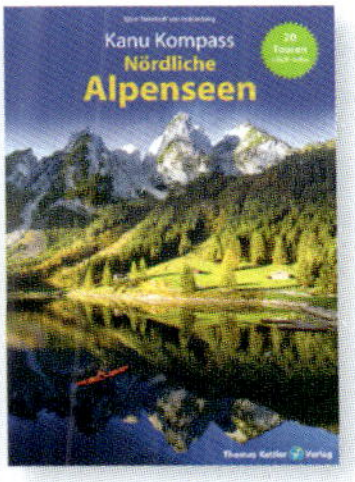

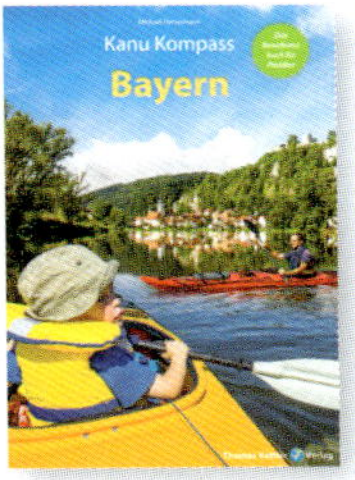

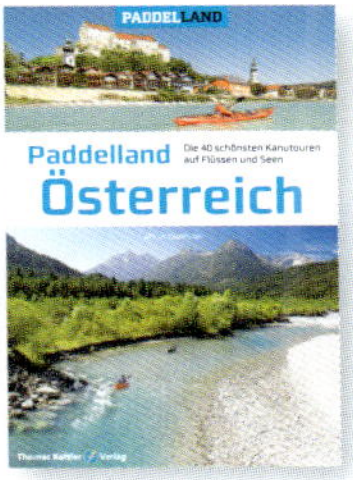

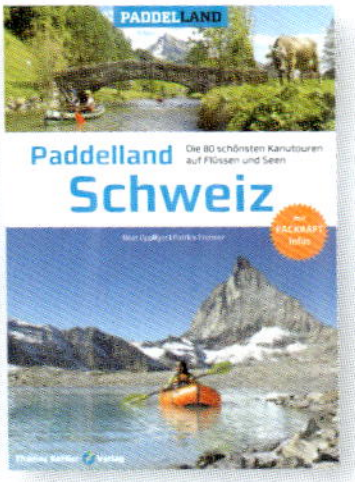

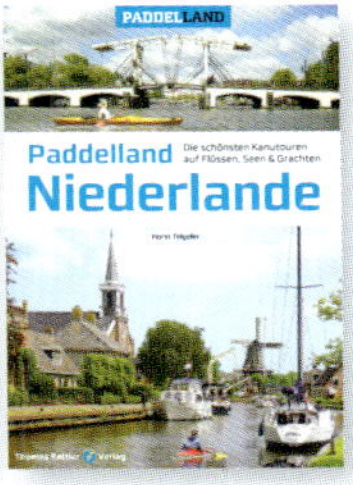

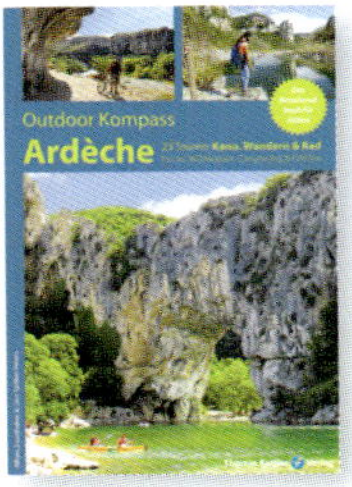

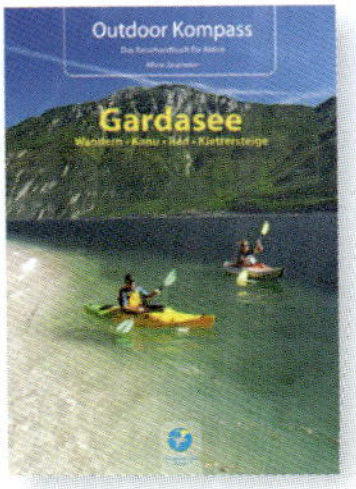

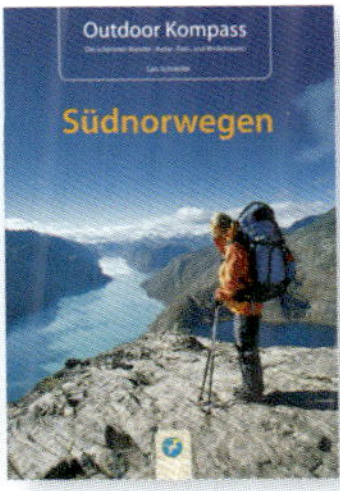

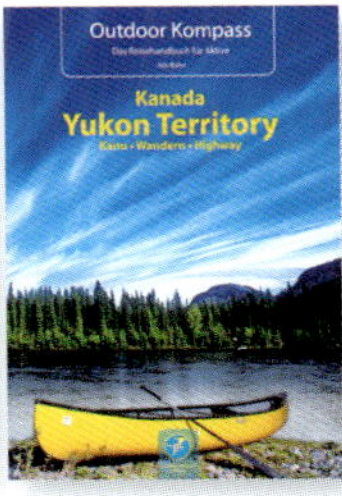

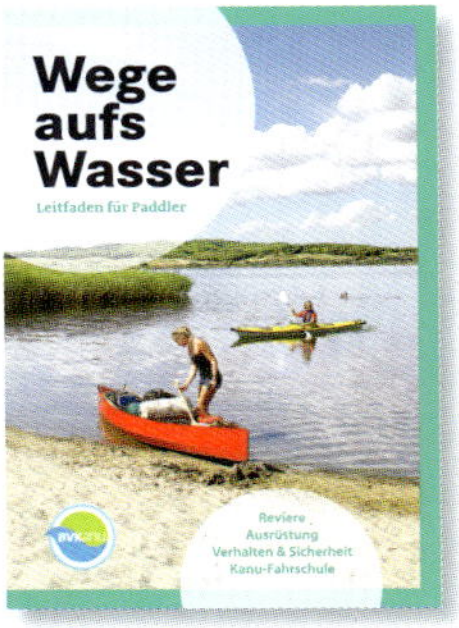

„Wege aufs Wasser"

Leitfaden für Paddler

Auf 68 Seiten erhält der Paddel-Einsteiger alle nötigen Infos zu Ausrüstung, Verhalten & Sicherheit, eine kleine „Paddel-Fahrschule" und eine Übersicht über Paddel-Reviere in ganz Deutschland sowie bei unseren europäischen Nachbarn.

Fordern Sie die kostenlose Broschüre bei uns im Verlag unter dem Stichwort „Wege aufs Wasser" an!
www.kanu-buch.de

Mehr Bücher aus der Reihe KANU KOMPAKT

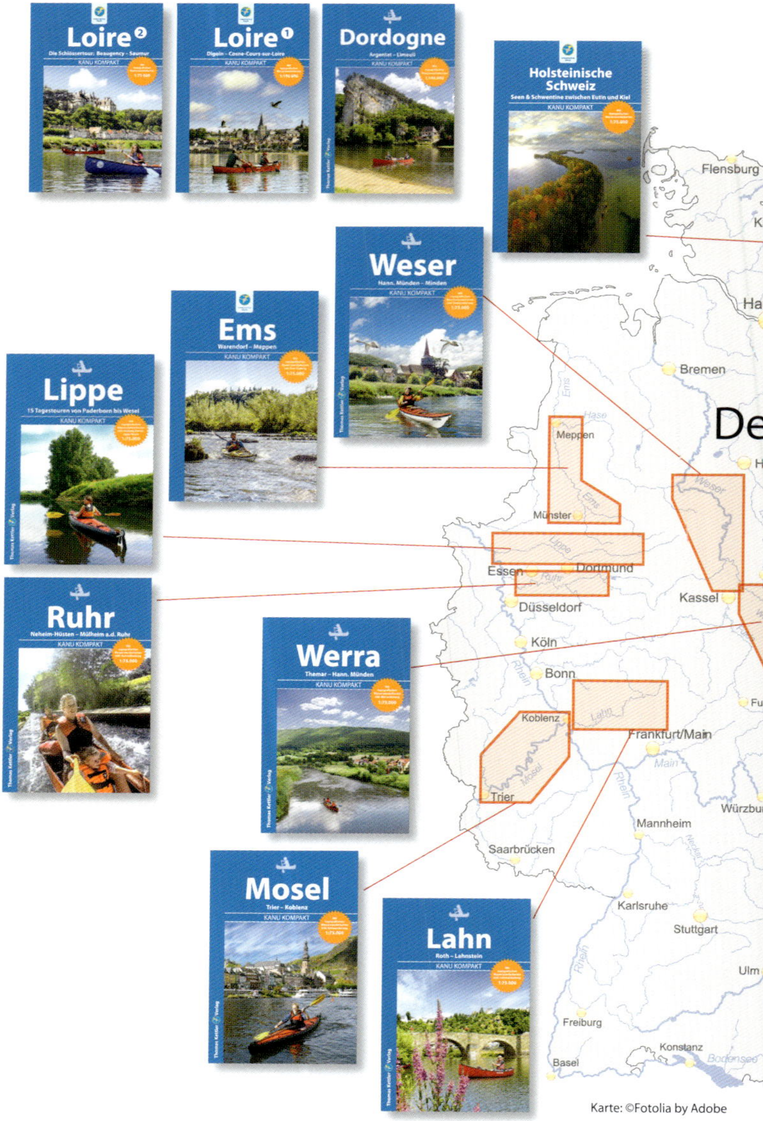

Karte: ©Fotolia by Adobe

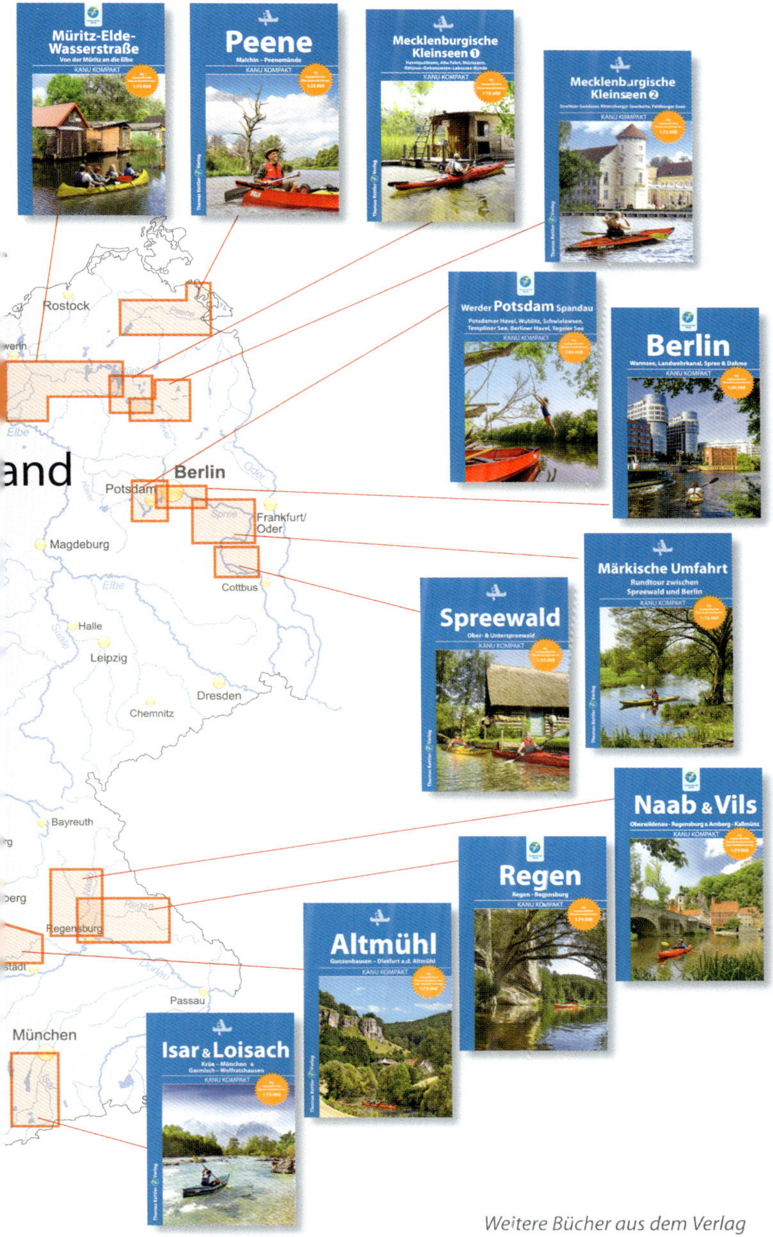
Müritz-Elde-Wasserstraße
Von der Müritz an die Elbe
KANU KOMPAKT
Peene
Malchin – Peenemünde
KANU KOMPAKT
Mecklenburgische Kleinseen 1
KANU KOMPAKT
Mecklenburgische Kleinseen 2
KANU KOMPAKT
Werder Potsdam Spandau
Potsdamer Havel, Wublitz, Schwielowsee, Templiner See, Berliner Havel, Tegeler See
KANU KOMPAKT
Berlin
Wannsee, Landwehrkanal, Spree & Dahme
KANU KOMPAKT
Märkische Umfahrt
Rundtour zwischen Spreewald und Berlin
KANU KOMPAKT
Spreewald
Ober- & Unterspreewald
KANU KOMPAKT
Naab & Vils
Oberwildenau – Regensburg & Amberg – Kallmünz
KANU KOMPAKT
Regen
Regen – Regensburg
KANU KOMPAKT
Altmühl
Gunzenhausen – Dietfurt a.d. Altmühl
KANU KOMPAKT
Isar & Loisach
Krün – München & Garmisch – Wolfratshausen
KANU KOMPAKT
Rostock
Peene
Müritz
Elbe
Berlin
Potsdam
Havel
Oder
Spree
Frankfurt/Oder
Magdeburg
Cottbus
Elbe
Halle
Saale
Leipzig
Dresden
Chemnitz
Bayreuth
Naab
Regen
Regensburg
Donau
Passau
München
Isar

Der Autor

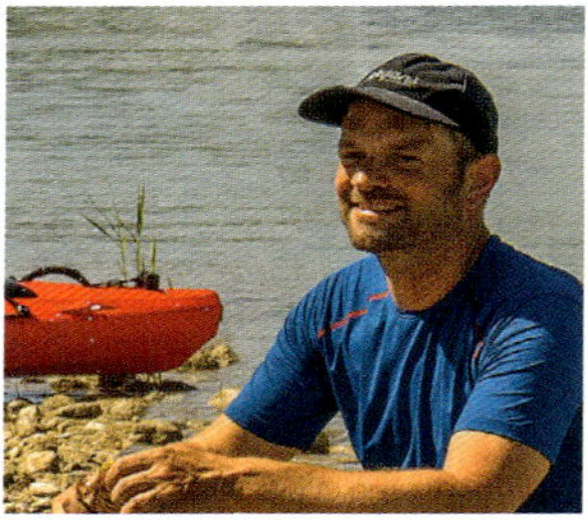

Michael Hennemann
ist ausgebildeter fototechnischer Assistent und begeisterter Reisender und Kanusportler. Als Autor und Fotograf ist er seit vielen Jahren auf Reise-, Outdoor- und vor allem Kanuthemen spezialisiert.

Mehr über seine Arbeit finden Sie im Internet unter:
www.michael-hennemann.de

Der Kartograf

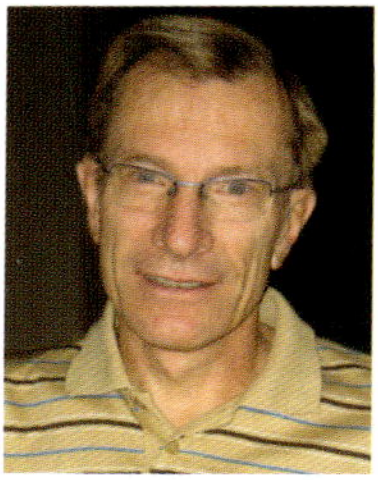

Jübermann - Kartographie und Verlag hat sich auf die Herstellung von Gewässerkarten für Wassersportler spezialisiert. Alle Karten, im Maßstab 1:100.000 und größer, sind in Bezug auf die Gewässer bzw. Wassersportinhalte im Gelände komplett überprüft. Jeder dargestellte Gewässer-km ist auch per Boot kontrolliert worden. Hier sind keine Schreibtischtäter am Werk, sondern passionierte Wassersportler (Erhard Jübermann z.B. mit ca. 60.000 gepaddelten km), die all ihre Erfahrung weitergeben. ***www.juebermann.de***

Register